Danzando por siempre con el espíritu
Asombrosas revelaciones del Cielo

por
Garnet Schulhauser

Traducción al español por: Marizela Marin-Giraud

Librería del Congreso catalogación en datos de publicación

Schulhauser, Garnet, 1951 -
Dancing Forever with Spirit [Danzando por siempre con el espíritu] por Garnet Schulhauser

Una reunión casual con un hombre sin hogar marca el comienzo de conversaciones iluminadoras y la búsqueda del alma con el guía espiritual de Garnet respondiendo a todas las preguntas que todos queremos saber sobre la vida aquí, así como el más allá.

1. Guías espirituales 2. Reencarnación 3. Vida después de la muerte
I. Schulhauser, Garnet, 1951 – II. Reencarnación III. Metafísica IV. Titulo
Numero de tarjeta de catálogo de la Biblioteca del Congreso: 2015933166
ISBN: 9781940265070

Traducción al español por: Marizela Marin-Giraud
Arte de portada y diseño: noir33.com & Travis Garrison
Libro ambientado en: Times New Roman
Diseño de libro: Nicklaus Pund
Publicado por:

PO Box 754
Huntsville, AR 72740
800-935-0045 ó 479-738-2348 fax: 479-738-2448
WWW.OZARKMT.COM
Impreso en los Estados Unidos de América

Endosos

"Garnet Schulhauser ofrece un brillante relato de nuestra naturaleza espiritual desde la perspectiva de Alberto, su encantador guía espiritual. Este libro nos permite viajar de manera indirecta con Garnet cuando Alberto lo lleva en viajes al Salón de los Registros, otros planetas y civilizaciones pasadas. Durante estos viajes, Alberto nos hace estar al tanto del conocimiento valioso sobre la vida de Jesús, la Fuente, y el papel del Concilio de Sabios y extraterrestres en la creación de una nueva Tierra. Este libro es una lectura obligada para cualquiera que busque comprender su propósito de vida y evolucionar."
Kathryn Andries – autora de *Soul Choices: Six Paths to Fulfilling Relationships* **[Elecciones del alma: Seis caminos para relaciones satisfactorias]**, *Naked in Public: Dream Symbols Revealed* **[Desnudo en público: Símbolos de sueños resvelados]**, *The Dream Doctor* **[El Doctor de los sueños]**, y *Soul Choices: Six Paths to Find Your Life Purpose* **[Elecciones del alma: Seis caminos para encontrar el propósito de tu vida]**

"Garnet Schulhauser lo ha hecho una vez más con los escritos de *Danzando por siempre con el espíritu*. Estoy realmente agradecida de que Garnet hiciera las preguntas de su alma y permitiera que la situación más impredecible lo guiara hacia las respuestas. *Danzando en una estampilla* fue la primera documentación del viaje de Garnet y Alberto; adentrada en la cuarta página del libro, me entusiasmé y me quedé con deseos de leer más. *Danzando por siempre con el espíritu* es más y, más respuestas, más comprensión, más orientación, y te deja listo para más. Abrí este libro y literalmente no pude dejarlo hasta que llegué a la última página. Gracias, Garnet, por ser la voz y permitir que Alberto te muestre a ti y a todos nosotros, por qué estamos aquí y de qué se trata esta vida."
"In the Sovereignty of The Mind is Birthed The Divinity of The Soul" [En la soberanía de la mente nace la divinidad del alma]
– **Rev. Brenda Braden**

"¡Advertencia! Leer este libro te expondrá a verdades universales que te cambiarán para siempre. Encuentra un lugar cómodo y tranquilo para sentarte mientras abres la primera página porque no querrás dejar de leer como Garnet desata revelación tras revelación que te tocará, moverá y afectará de maneras que no puedes imaginar, pero sin duda te ayudará a (1) acelerar tu crecimiento espiritual, (2) elevar tus vibraciones, y (3) hacer las cosas bien en nuestro amado planeta Tierra para la raza humana y todas las otras formas de vida que llaman a este planeta hogar. En estas páginas encontrarás importantes palabras universales de sabiduría y verdades universales impartidas por el guía de Garnet, Alberto, y muchos otros – incluyendo al Consejo de Sabios y seres encarnados en otros planetas y dimensiones. Prepárate para aprender sobre el Consejo Galáctico y cómo llegamos a estar en la Tierra, y cuán poderosas son nuestras palabras y acciones en realidad. Este es un libro al que me referiré y citaré una y otra vez, y estaré regalando a todos mis amigos y familiares una copia de esta guía significativa para la evolución de la humanidad."
Sherri Cortland, ND – autora de *Windows of Opportunity Tiempos de oportunidad], Raising our Vibrations for the New Age* [**Elevando nuestras vibraciones para la nueva era**], *Spiritual Toolbox* [**Caja de herramientas espirituales**], y *Guide Group Fridays* [**Viernes de Grupos Guías**]

"¿Quiénes somos? ¿Cuál es nuestro propósito? ¿Qué pasa cuando morimos? Estas son algunas de las preguntas más importantes e imperecederas de la humanidad. *Danzando por siempre con el espíritu* aporta una perspectiva fresca y emocionante a estas preguntas ancestrales. Garnet Schulhauser comparte la sabiduría y revelaciones aprendidas de su guía espiritual. Abre una ventana al mundo espiritual, compartiendo amor, risa y compasión, y no tomando la vida demasiado en serio. Su relato traerá consuelo y revelaciones a muchos durante los momentos más importantes de nuestras vidas. Este libro está bien escrito y lo recomiendo con entusiasmo."
Mel Fabregas – anfitrión de *Veritas Radio*

"Garnet Schulhauser regresa con su segundo libro, *Danzando por siempre con el espíritu*, que lleva a los lectores a un increíble viaje de iluminación con Alberto, su guía espiritual de *Danzando en una estampilla*. En este viaje, a Garnet se le muestra los detalles del mundo de los espíritus para entender nuestra Tierra, así como otros planetas en el sistema solar y cómo estos interactúan entre sí. ¡Te sorprenderás de las intrigantes ideas que Garnet comparte contigo! Una lectura apasionante."

Jackie Wiersma, autora de *The Zodiac Recipe: A Guide to Understanding You and Your Relationships* **[La receta del zodiaco: Una guía para entenderte a ti y tus relaciones]**

"*Danzando por siempre con el espíritu* es una hermosa continuación del primer libro de Garnet Shulhauser, *Danzando en una estampilla*. A través de la interacción y las aventuras astrales, Garnet y su guía espiritual, Alberto, ofrecen al lector información muy necesaria sobre una multitud de temas fascinantes. Como médium intuitivo, reconozco el significado e importancia de este libro con su valiosa y significativa visión, que nos brinda a cada uno de nosotros la oportunidad de aumentar nuestra propia conciencia."

Shelly Wilson, médium intuitivo y autora de *28 Days to a New YOU* **[28 días para un nuevo Tu]**, *Connect to the YOU Within* **[Conectándote con tu Yo interior]**, y *Journey into Consciousness* **[Viaje a la conciencia]** *www.shellyrwilson.com*

Dedicatoria
Para Kymera

Reconocimientos

Quiero agradecerles a todas las personas que me brindaron aliento, inspiración y apoyo en relación con la escritura y publicación de *Danzando por siempre con el espíritu*.

En primer lugar, un sincero agradecimiento a Dolores Cannon, quien me motivó a seguir adelante con el manuscrito, y a Julia, Nancy, Shonda y Holly en Ozark Mountain Publishing, Inc. por su útil ayuda en el proceso.

Estoy agradecido por todo el apoyo que recibí de amigos, familiares y lectores de *Danzando en una estampilla*, que me animaron a continuar mi diálogo con Alberto y escribir una secuela. Hay demasiados de ustedes para mencionar, pero ustedes saben quiénes son.

Muchas gracias a Blake, Lauren, Colin y Bergis por su apoyo inquebrantable a mis esfuerzos de escritura y a Cathy por su paciencia, comprensión y compañía durante los largos días que pasé escribiendo y reescribiendo el manuscrito.

Un reconocimiento especial a mi nieta Kymera, cuya llegada en agosto del 2013 me inspiró a esforzarme por hacer de nuestro mundo un lugar mejor para vivir para todas las generaciones futuras.

Tabla de contenido

Capítulo 1
La aventura comienza

Era otro lunes por la mañana en esta escuela llamada Tierra. Lentamente deslicé mis piernas de la cama, me fui al baño, y una vez más miré mi rostro en el espejo. No me encontraba en un estado mental feliz, y el reflejo en el espejo me devolvía la mirada reflejando mi estado de ánimo. No era porque tuviera que ponerme mi traje azul marino de rayas para ir a trabajar en mi bufete de abogados. Afortunadamente, esos días ya habían pasado, ya que me había retirado de esa carrera hace varios años. Estaba frustrado porque no había podido hacer contacto con Alberto por varias semanas, y no era de Alberto rehuir de mí; él siempre había estado allí para mí cuando lo necesitaba.

Yo realmente necesitaba de Alberto en este momento. Acababa de empezar a escribir el manuscrito para mi segundo libro, una secuela de *Danzando en una estampilla*, y necesitaba algunas nuevas revelaciones de Alberto. Sin la sabiduría de Alberto, estaría atrapado en neutro, sin ir a ninguna parte. Estaba ansioso por escribir sobre todas las nuevas ideas que esperaba obtener de Alberto, pero estaba empezando a temer lo peor—que Alberto me había abandonado.

Para aquellos lectores que no están familiarizados con *Danzando en una estampilla*, es un libro basado en una serie de conversaciones que tuve con un hombre sin hogar llamado Alberto que saltó de las sombras para confrontarme un día cuando todavía estaba practicando leyes. Alberto parecía un típico hombre sin hogar, con el cabello largo y grasoso, barba descuidada, y sucia, y dormía en su ropa. Pero en vez de salirme de su camino, me quedé allí como un ciervo atrapado por los focos de un auto—hipnotizado por sus brillantes ojos azules que resplandecían como dos pequeñas estrellas azules. Su mirada penetró profundamente en mi ser, hasta las profundidades de mi alma, y sentí que él conocía todos los detalles íntimos de mi vida—mis miedos y ansiedades, mis esperanzas y aspiraciones, y mis secretos más profundos y oscuros. A pesar de sentirme algo desnudo y expuesto, no me sentí violado porque al mismo tiempo sus asombrosos ojos enviaron un torrente de amor incondicional cálido que impregnó todo mi cuerpo con una inolvidable sensación de paz y seguridad. Podría haber estado allí para siempre, disfrutando de su amor. En última instancia, sin embargo, rompió mi ensueño cuando dijo "¿Por qué estás aquí?", antes de desaparecer rápidamente.

Cuando encontré a Alberto en la misma calle al día siguiente, me dijo que estaba allí para responder a mis preguntas y ayudarme en mi viaje. Inicialmente yo era escéptico, ya que parecía que había dormido en su ropa durante semanas, y olía como un pez muerto. Pero mi intuición me instó a tomar una oportunidad con este hombre—para ver si realmente podía responder a todas las "grandes preguntas" en la vida que me había estado haciendo durante años: *¿Quién soy? ¿Por qué estoy aquí? ¿Qué se supone que debo lograr en mi vida? ¿Y, qué me pasará después de morir?* Así que me senté en el banco ese día con este hombre sin hogar, y nuestra conversación comenzó. Me sorprendió cuando Alberto me dijo que en realidad era uno de mis espíritus guías disfrazado, y yo era el único que podía verlo como el hombre sin hogar. De hecho, después de nuestro tercer encuentro, Alberto ya no apareció en su cuerpo físico y me habló telepáticamente como una voz en mi cabeza.

Alberto respondió todas mis preguntas con sabiduría, compasión y humor, sin predicar ni reprender. Sus respuestas se sintieron correctas y sonaron verdaderas en mi corazón, y sabía que lo que me dijo era la "real" verdad. Me sorprendió un día cuando me pidió que escribiera un libro sobre nuestras conversaciones para que todos los humanos tuvieran acceso a sus revelaciones. Aunque al principio me mostré reacio porque nunca antes había escrito un libro ni siquiera había contemplado hacerlo, pronto aprendí que era inútil discutir con el espíritu. Así que escribí *Danzando en una estampilla* con la guía de Alberto, un espíritu sabio que demostró ser amable y sin pretensiones. Las revelaciones de Alberto fueron a menudo sorprendentes y siempre iluminadoras. Mucho de lo que me dijo contradecía casi todo lo que los clérigos cristianos habían estado predicando durante siglos y contradijo muchas de las creencias que me habían enseñado cuando era niño, creciendo en una familia católica romana muy religiosa. Pronto me quedó claro, que sus verdades eran superiores a la mayoría de los dogmas de la Iglesia católica.

Alberto reveló que todos somos almas eternas que vivirán para siempre. Venimos del lado del espíritu antes de nacer, y volveremos allí después de que nuestros cuerpos físicos mueran. Fuimos creados por la Fuente (también llamada el Creador o Dios), existimos como parte de la Fuente, y estamos conectados unos con otros y con todo lo demás en el Universo. Somos seres de energía que brotaron de la Fuente como chispas de luz del Sol Central.

Encarnamos como humanos por nuestra propia elección—nadie nos hizo venir aquí. Vinimos a este planeta, que existe en un plano de materia densa, para aprender y experimentar cosas que no existen en el lado del espíritu para que podamos crecer y evolucionar como almas. Antes de nacer, cada uno de nosotros preparó un plan de vida que establecía los detalles y eventos significativos de nuestras vidas propuestas en la Tierra, incluyendo nuestros nombres y lugares de nacimiento, y las identidades de nuestros padres, hermanos, cónyuges, hijos y amigos. Diseñamos nuestros planes de vida con el fin de experimentar los eventos y aprender las lecciones que necesitábamos para nuestra evolución. Pero nuestros planes de vida (que no se nos permite recordar mientras estamos en la Tierra) no dictan todo lo que nos sucede, porque tenemos libre albedrío para actuar y tomar decisiones durante nuestro tiempo en este planeta.

Contrariamente a lo que muchas religiones organizadas creen, la Fuente no controla los acontecimientos en nuestras vidas y no hace reglas para que sigamos. No hay absoluto bien o mal en la Tierra, y nada de lo que hagamos ofenderá o decepcionará a la Fuente porque la Fuente no tiene ninguna expectativa para nosotros. La Fuente quiere experimentar el Universo que creó en todas sus diferentes facetas al experimentar todo lo que encontramos en nuestras muchas diferentes encarnaciones. De ello se deduce que la Fuente no nos juzgará ni castigará por lo que hubiéramos hecho en nuestras vidas. Todas las almas regresan al lado del espíritu después de que sus cuerpos físicos mueren sin importar lo que hicieron en la Tierra. Esto significa que los asesinos y terroristas regresan al lado del espíritu como toda la gente buena. Y, podemos continuar encarnando en la Tierra una y otra vez hasta que estemos satisfechos de que hemos evolucionado en la medida necesaria para graduarnos de este planeta.

Alberto describió el lado del espíritu como un lugar maravilloso lleno de amor, paz y felicidad, sin ningún dolor, sufrimiento, o emociones negativas. Es como el Cielo descrito por la mayoría de las religiones, un lugar dichoso y feliz lleno de desafíos interesantes en la búsqueda gozosa de la sabiduría. Cuando las almas regresan al lado del espíritu pueden elegir regresar a la Tierra en otra encarnación, permanecer en el lado del espíritu mientras lo deseen, o encarnar en una de las millones y millones de otras formas de vida en el Universo. Nuestras almas están en una travesía interminable de exploración y evolución, un viaje fascinante sin meta final.

En general, encontré que las revelaciones de Alberto eran reconfortantes e inspiradoras, y estaba agradecido de que me hubiera pedido que las relatara en *Danzando en una estampilla*. Pero mi trabajo como mensajero de Alberto no estaba terminado, ya que él había divulgado desde el principio que debía escribir al menos tres libros más después de mi primer libro, y él se conectaría conmigo cuando fuera el momento adecuado para proporcionar nuevas ideas para mi próximo libro. Yo me quejé cuando escuché esto, aunque sabía que la resistencia era inútil. A pesar de que disfruté de la perspectiva de más conversaciones con Alberto, la idea de escribir más libros era algo desalentador. En ese momento, me había preguntado si había alguna manera de salir de este programa de trabajo—tal vez fingiendo enfermedad o senilidad; sin embargo, mi intuición me dijo que no podía engañar a Alberto, así que tomé unas cuantas respiraciones profundas y comencé mi segundo manuscrito. *Que la aventura comience*, pensé, esperando que Alberto apareciera pronto.

Intenté todo lo que había funcionado en el pasado para conectarme con Alberto. Me senté en mi silla en una habitación tranquila y medité durante varios minutos antes de contactar en silencio a Alberto en mi manera habitual, pero todo lo que recibí fue el sonido de mi propia respiración y mi creciente frustración. Así que llamé su nombre en voz alta varias veces—sin respuesta, excepto por el ladrido agudo de mi perrita.

Finalmente, recurrí a tácticas desesperadas, pensando que tal vez Alberto quería poner a prueba mi ingenuidad. Así que busqué en Google "espíritu sabio Alberto", y todo lo que conseguí fueron sitios web con las citas de Albert Einstein y Albert Schweitzer. Una búsqueda bajo el "lado espiritual" no era mejor—el primer listado fue para *The West Side Spirit* [El espíritu del lado oeste], un periódico de Manhattan, seguido por la página web de Sylvia Browne, ninguno de los cuales hizo mención de Alberto. Casi podía imaginar a Alberto riéndose de mi tontería.

Entonces sucedió. Estaba durmiendo en la cama una noche cuando me sorprendió un ruido extraño que provenía de la puerta de mi dormitorio. Me senté y miré alrededor, pero no podía ver nada inusual. Mi esposa, Cathy, estaba muy dormida a mi lado, al igual que nuestra perrita, Abby. Entonces noté un contorno brillante de una persona parada frente a la puerta. Esta figura etérea comenzó a moverse hacia mí y, cuando llegó a los pies de mi cama, pude distinguir sus rasgos. Era Alberto con su disfraz de vagabundo—exactamente como se veía cuando lo conocí por primera vez en la calle hace años.

"¿Dónde has estado, Alberto? He estado tratando de contactarte durante las últimas semanas," lo desafié en silencio en mi mente.

"He estado aquí, mirándote", respondió como una voz en mi cabeza. "Quería estar seguro de que estuvieras realmente preparado para tu próxima aventura. Debes venir conmigo en un viaje, y cuando regreses escribirás sobre lo que viste."

Me sorprendió ver a Alberto una vez más como el hombre sin hogar, aunque no podía entender su razón para hacerlo. Estaba realmente desconcertado por el viaje que mencionó porque era a mitad de la noche, y no podía levantarme y marcharme sin decirle a Cathy dónde iba y cuándo volvería.

"¿Qué tipo de viaje quieres decir? ¿A dónde vamos y cuánto tiempo estaré fuera?", me aventuré.

"Te llevaré a explorar tu planeta, otras partes del Universo, y el lado del espíritu, para que entiendas mejor lo que la Fuente ha creado y cómo tú y el resto de la humanidad encajan en todo el cuadro. Viajarás conmigo en forma espiritual y dejarás tu cuerpo físico atrás. Volverás a estar en tu cuerpo antes de la mañana, y tu esposa no se dará cuenta de que te has ido", me aseguró Alberto.

Extendió su mano, que agarré firmemente mientras me levantaba de la cama. Me volví para mirar hacia atrás—y vi mi cuerpo aún acostado en la cama, dormido. Me di cuenta entonces de que yo estaba ahora en forma astral, mientras Alberto y yo flotábamos lentamente hacia arriba a través del techo y hacia el cielo nocturno. Me sentí ligero y etéreo, como una fina telaraña blanca flotando en la brisa. Podía ver nuestra casa abajo y las luces de la ciudad, que parecían más y más pequeñas a medida que ascendimos hacia las estrellas.

Continuamos elevándonos hasta que la Tierra parecía una pequeña esfera azul flotando en la oscuridad del espacio. Entonces Alberto hizo un gesto para que me diera la vuelta, y pude ver una puerta frente a nosotros. El marco de la puerta estaba iluminado con una luz brillante y resplandeciente, pero no podía ver nada más allá de la puerta—solo una oscuridad aterciopelada sin estrellas. Alberto me llevó a través de la puerta a una escena increíble en el otro lado que era hermosa e impresionante. Me quedé allí inmóvil mientras trataba de asimilarlo todo.

Yo estaba en un precioso prado lleno de exuberante hierba verde y flores deslumbrantes con cientos de diferentes tonos iridiscentes. Majestuosos árboles de secoyas protegían los bordes lejanos de la pradera. El cielo sin nubes era un azul brillante, y todo estaba bañado por la cálida luz del sol. No podía ver el sol en ninguna parte del cielo; parecía que la luz del sol emanaba de todas partes.

Alberto me hizo señas para que lo siguiera, y caminamos lentamente por una suave pendiente. La hierba verde se sentía como terciopelo en mis pies descalzos. Mi cabeza estaba llena de un perfume delicioso, casi embriagador, que brotaba de las flores, y mi cuerpo resplandecía de la cálida luz que me envolvía como un velo delicado. *Qué lugar tan maravilloso para dar un paseo*, pensé, algo inusual.

Cuando llegamos a la cima de la colina pude ver a un grupo de personas en el otro lado, reunidas cerca del fondo. Detrás de ellos en la distancia podía ver una ciudad con edificios blancos y pináculos que brillaban en la luz. A medida que nos acercábamos a este grupo pude distinguir varias de las caras, y mi corazón saltó un latido. Reconocí a mi madre y a mi padre, a mi hermano Brian, a mi abuela Hartney (que fue el único de mis abuelos que conocí en la Tierra), y todos mis tíos y tías que habían fallecido anteriormente. Detrás del grupo un pequeño cachorro negro saltó hacia mí, su pequeña cola moviendo todo su cuerpo. Era Oscar, nuestro Schnauzer miniatura que había fallecido varios años antes. Me arrodillé para saludar a Oscar mientras saltaba para lamerme la cara. Le di un cálido abrazo y le dije que era genial verlo de nuevo. Todos en este grupo tenían cálidas sonrisas radiantes que iluminaban sus rostros mientras se acercaban a mí, uno por uno, para darme un abrazo amoroso. Sentí que había llegado a casa después de estar lejos en un largo viaje. No se dijeron palabras—no era necesario—como el sentimiento de amor incondicional que me envolvió hablaba por sí solo.

Todos parecían estar sanos y felices, como lo estaban cuando estaban en la mejor parte de sus vidas en la Tierra. Aunque no se veían como la última vez que los recordaba en la Tierra, no tuve problemas para reconocerlos, excepto por algunos de ellos que se pararon a un lado esperando una introducción. Pronto supe que eran mis abuelos, tíos y tías que habían fallecido en la Tierra antes de que yo naciera.

Entonces mi madre se adelantó, y sentí que necesitaba decirme algo. A pesar de que mamá todavía sonreía calurosamente, yo estaba un poco aprensivo. Mientras estaba en la Tierra, mamá había sido una persona muy religiosa—una devota católica romana toda su vida. Ella había seguido fielmente todas las reglas de la Iglesia y creía firmemente que adorar a Dios en las formas prescritas por la Iglesia era la única manera segura de llegar al Cielo. Ella había estado decidida a asegurarse de que su esposo y sus cinco hijos se unieran a ella en el Cielo, incluso si tuviera que arrastrarnos pateando y gritando.

Estaba preocupado porque no había sido amable con la Iglesia católica en *Danzando en una estampilla*, a menudo burlándome de sus reglas y creencias arbitrarias e ilógicas. Como muchas de las revelaciones de Alberto contradecían las enseñanzas de la Iglesia, ahora me preguntaba si mi madre estaba molesta conmigo por escribir mi libro.

Mamá me dio otro cálido abrazo y disipó mis miedos: "Bienvenido a casa, Garnet. Sé lo que piensas, pero no hay necesidad de preocuparte. Si yo todavía estuviera en la Tierra, no estaría contenta con lo que tu libro menciona acerca de la Iglesia. Pero ahora que he pasado al lado del espíritu, puedo ver toda la imagen. Estoy de acuerdo con todo lo que escribiste en tu libro, y creo que hiciste un gran trabajo al transmitir los mensajes de Alberto a la humanidad."

"Como puedes ver, todos los de tu familia que ya han cruzado desde el plano de la Tierra han hecho la transición al lado del espíritu, sanos y salvos. El lado del espíritu es verdaderamente un lugar maravilloso lleno de amor y alegría, sin ninguno de los aspectos negativos que se encuentran en la Tierra. Estás aquí solo para una corta visita porque debes regresar a la Tierra para completar tu trabajo. Tienes más libros para escribir para que otras personas puedan escuchar las verdades de Alberto. Dondequiera que vayas, haz todo lo posible para animar a todos a tratar a todos los seres humanos, a todas las criaturas y a la Madre Tierra misma, con la dignidad y el respeto que fluye de vivir una vida de amor, perdón y compasión. Asegúrate de consolar a aquellos que están afligidos por la pérdida de un ser

querido, asegurándoles que todas las almas regresan a Casa después de que sus cuerpos humanos mueran, independientemente de lo que hicieron o no hicieron mientras estaban en la Tierra. El paso de una persona en la Tierra debería ser un tiempo para la celebración, sin lágrimas, ya que todos eventualmente se reunirán una vez más en el lado del espíritu."
Respiré aliviado y respondí: "Eso es genial, mamá. De alguna manera sabía que no te molestarías—pero es maravilloso tener la confirmación. El año pasado, cuando hablaba con un grupo del club de lectura, alguien me preguntó qué pensaría mi madre sobre mi libro. Le respondí que a ella no le hubiera gustado si todavía estuviera en la Tierra, pero me aventuré que tendrías una visión muy diferente ahora que estabas de vuelta en el lado del espíritu. Después de que la reunión terminó, una joven se acercó para decirme que era médium, y cuando yo estaba respondiendo a la pregunta sobre su punto de vista de mi libro, ella pudo verte de pie detrás de mí, dándome dos pulgares hacia arriba."
"Esa era yo, muy bien. He estado velando por ustedes todo el tiempo desde que regresé a Casa, a pesar de que ustedes no han sido conscientes de mi presencia. Ahora es el momento de que continúes tu viaje con Alberto. Nos volveremos a ver otra vez muy pronto. Me despido por ahora."
Alberto había estado parado silenciosamente a un lado, mirando y esperando, pero ahora hizo un gesto que era hora de seguir adelante. Me despedí de mis parientes y seguí a Alberto en un camino a través del prado hacia la reluciente ciudad blanca delante de nosotros. A medida que nos acercábamos, sus edificios, rematados con cúpulas o pináculos, se alzaban más grandes y más impresionantes con cada paso. Finalmente llegamos al borde de la ciudad y nos detuvimos ante un portal de entrada, con espectaculares pilares blancos coronados por un reluciente arco.
"¿Qué es este lugar?", le pregunté a Alberto.
"Esta es una de nuestras ciudades en el lado del espíritu, conocida como Aglaia. Ven conmigo y te mostraré", respondió Alberto.

Al entrar a través del portal me sorprendió la increíble vista frente a mí. Las calles estaban pavimentadas con piedras grises suaves que parecían y se sentían como lajas. Las paredes blancas de los edificios brillaban en la luz y se sentían suaves y cálidas al tacto, recordándome al mármol pulido.

Las calles estaban llenas de personas, todas con caras sonrientes y radiantes que proyectaban una sensación de paz y alegría. Todos parecían ir a algún lugar, excepto que caminaban con el ritmo pausado de peatones que no tenían prisa por llegar a su destino. La ropa que llevaban era impresionante, con una plétora de colores vivos en muchos diseños y estilos diferentes. Sentí que me habían dejado caer en medio de un glamoroso baile de disfraces. Algunas de las vestimentas las reconocí de los libros de historia; parecían la ropa que usaban las personas en la Tierra de muchos países y épocas diferentes. Noté saris de la India, togas de la Antigua Roma, kimonos de Japón, dobletes de la Inglaterra medieval y vestidos populares de *flapper* de los fabulosos años veinte. Muchas de las vestimentas me eran desconocidas, pero radiantes, sin embargo.

Mientras yo estaba allí parado, hipnotizado y totalmente asombrado de la belleza indescriptible que desfilaba ante mis ojos, Alberto explicó que las almas del lado del espíritu no tienen un género específico, y pueden elegir aparecer como hombre o mujer basándose en el sexo con el que se identificaron más a menudo durante sus encarnaciones en la Tierra. Las almas son libres de cambiar su género en cualquier momento, o pueden descartar su apariencia terrenal y manifestarse como esferas de luz. A menudo se visten con la ropa que disfrutaron usando en una de sus vidas anteriores en la Tierra, y pueden cambiar su vestimenta tan a menudo como lo deseen. Cada alma es fácilmente reconocible para los demás por su patrón de energía inherente, independientemente de su apariencia externa. Señaló que la ropa que me era desconocida se usaba en algunas de las antiguas civilizaciones de la Tierra que no dejaron registros históricos.

Una vez más, Alberto me dio un suave empujón mientras me llevaba por la calle ancha y bulliciosa. Después de unas pocas

cuadras, entramos en una plaza abierta con una fuente en el
centro, con agua cristalina que caía en cascada en el estanque.
La plaza estaba llena de personas paseando casualmente o
sentada en mesas. Hacia el extremo derecho pude ver un grupo
coral en el escenario. Vestían túnicas escarlatas fluidas
adornadas con fajas de plata, y el villancico que cantaban era la
música más hermosa que jamás había escuchado—como un coro
de ángeles cantando una canción de alegría. Su canto era tan
encantador que Alberto tuvo que tirar de mi brazo varias veces
para romper el hechizo.

Alberto me guio hacia un edificio alto y señorial en el extremo
más alejado de la plaza, una magnífica estructura con pilares
griegos que bordean el frente. Cuando llegamos al frente del
edificio, que él llamó el Salón de la Sabiduría, entramos por la
puerta. Al final de un largo pasillo nos detuvimos frente a una
gran puerta hecha de bronce pulido brillante, y Alberto anunció
suavemente nuestra presencia con la aldaba redonda de la
puerta. Al oír la palabra "adelante", Alberto abrió la puerta y
entramos en la habitación.

Era amplia y circular, con un alto techo abovedado. La
habitación estaba bien iluminada sin ninguna iluminaria, ya que
la luz parecía emanar de las paredes. En el centro de la
habitación había una mesa en forma de semicírculo, con la
sección abierta hacia la puerta. La mesa era negra y lisa, como
granito reluciente, y parecía flotar en su lugar sin soportes ni
ningún otro medio visible de apoyo.

Había once personas sentadas en esta mesa, frente al centro del
semicírculo donde Alberto y yo nos paramos. Llevaban largas
túnicas doradas con una faja blanca atada alrededor de la cintura.
Se veían muy majestuosas, con el cabello blanco como la nieve
y la piel lisa y sin arrugas. Sentada en el centro había una
llamativa mujer con intensos ojos azules. Sentí que esta persona
era la presidenta del panel.

"Bienvenido, Garnet. Te hemos estado esperando. Y, gracias,
Alberto, por coordinar esta reunión", comenzó la presidenta con
una cálida sonrisa. "Le pedimos a Alberto que te trajera aquí
para que pudiéramos darte nuestro mensaje a la humanidad para

su inclusión en tu próximo libro. Nos gustaría que compartieras nuestras súplicas a toda la gente en la Tierra."
"¿Quién eres, y qué es este lugar?", respondí.
"Este es el lado del espíritu, el lugar del que viniste antes de encarnar en la Tierra. Existe en una frecuencia de vibración mucho más alta que la Tierra, y normalmente no puede ser visto por la gente en la Tierra. Existe más allá del velo y es conocido por algunas personas como el Hogar, el Otro Lado, o el Cielo. Regresarás aquí una vez más cuando tu vida en la Tierra haya terminado, pero tu visita esta vez será corta porque todavía tienes muchas cosas que lograr antes de cruzar.
"Mi nombre es Sofía, y este es el Consejo de Sabios. Es nuestro trabajo supervisar la Tierra y las almas que encarnan en tu planeta. Proporcionamos orientación y asesoramiento a todas las almas antes de que comiencen sus vidas en la Tierra, y ayudamos a las almas que regresan con el análisis de las vidas que acaban de completar. Nuestra función principal es ayudar a las almas a diseñar planes de vida que les permitan crecer y evolucionar a través de sus experiencias en la Tierra. Tratamos de asegurar que las vidas que se escogen no sean demasiado difíciles para un alma en particular (que puede obstaculizar su evolución si se rebela demasiado contra la dureza de la vida) o demasiado fáciles, sin lecciones apropiadas que aprender y desafíos que superar. Estamos aquí también para aconsejar a las almas actualmente encarnadas en la Tierra—para ayudarles con cualquier ajuste a sus planes de vida que pueda ser deseable. Como todas las otras almas, viajan al lado del espíritu cada noche durante el sueño para consultar con este Consejo y sus guías, pero no recuerdan estos viajes ya que pasan a través del manto del olvido cada mañana cuando regresan a su cuerpo."
"Recordarás esta visita porque queremos que escribas sobre tus experiencias en el lado del espíritu y tus otras aventuras con Alberto. Queremos que le digas a todos lo que verás y aprenderás en este viaje. Creemos que los humanos están listos para estos nuevos conocimientos, que esperamos les ayuden a hacer la transición a una nueva conciencia."
"¿Estás dispuesto a emprender esta tarea?"

"Alberto ya me ha presionado para escribir un segundo libro, así que es un punto nulo en esta etapa. ¿Qué te gustaría decirme?", me aventuré.

"Para empezar, queremos que entiendas la transición que está sucediendo ahora en la Tierra y sus implicaciones para tus compañeros humanos." Con un pequeño movimiento de su mano, una gran esfera holográfica, llena de remolinos de vapores azules y blancos, bajó del techo y flotó sobre el suelo. Los remolinos de vapores se disiparon rápidamente, dejando atrás una imagen cristalina de la Tierra, vista desde el espacio. Pude ver los contornos de Norte y Sur América, y Europa Occidental, que estaban parcialmente cubiertos de nubes blancas. Fue impresionante ver la Tierra desde este punto de vista."

Sofía me dejó observar la Tierra por unos minutos, y luego comenzó: "Tu planeta y sus habitantes humanos están en un punto de inflexión importante en su historia. Los seres humanos están en el proceso de expandir su conciencia y cambiar a una frecuencia de vibración más alta, pero todavía necesitan mucha ayuda para lograr esto. Si esto no ocurre de manera oportuna, las consecuencias podrían ser trágicas para la Tierra y todos sus habitantes."

"Este cambio permitirá que aquellos que han aumentado sus niveles vibratorios hagan la transición a la Tierra en una dimensión más alta—un lugar al que a menudo se hace referencia como la Nueva Tierra—donde los aspectos negativos de la vida en la Tierra no existen. La Nueva Tierra es un lugar donde todas sus criaturas, incluyendo los humanos, viven en paz y armonía, sin conflictos ni guerras y sin matar y mutilar—un planeta lleno de amor, compasión y perdón. En la Nueva Tierra los humanos no contaminan la atmósfera, el agua o el suelo, y no abusan de las otras criaturas en el planeta. Todas las emociones negativas que han prevalecido a lo largo de la historia humana, como el miedo, la ira, el odio, los celos, y la codicia, son inexistentes."

"Algunos seres humanos ya han hecho la transición y muchos otros están en el proceso de hacer el cambio.

Desafortunadamente, hay millones de seres humanos que ni siquiera son conscientes de lo que está sucediendo a su alrededor."

"La civilización humana está en una etapa muy avanzada en este momento. Ustedes han creado tecnología avanzada que ha hecho la vida mucho más fácil para la mayoría de las personas; sin embargo, esta tecnología no ha sido universalmente beneficiosa para todos. Muchas personas en la Tierra no tienen suficiente comida para comer o agua limpia para beber, y no todos viven en una casa cómoda, tienen acceso a Internet, o viven libres del miedo a la violencia arbitraria. Además, su tecnología avanzada, con sus armas de destrucción masiva, es capaz de destruir a todas las criaturas vivientes en su planeta si se utiliza para el propósito equivocado."

"La Tierra ha sido el hogar de muchas civilizaciones avanzadas en el pasado, como Lemuria y Atlántida, y ninguna de ellas ha sobrevivido. Varias fueron destruidas por las acciones de algunos de sus ciudadanos, impulsados por la codicia y el deseo de poder, que utilizaron la tecnología para perseguir sus propios objetivos. Cada vez que estas civilizaciones colapsaban, la humanidad tenía que empezar todo de nuevo. Los seres humanos están ahora una vez más en una etapa similar de desarrollo, y se enfrentan a la misma prueba crucial: podrán evitar destruir su civilización para que todos los humanos tengan la oportunidad de pasar por la escalera vibratoria, o fracasarán como otras civilizaciones en el pasado."

"La Madre Tierra misma se está volviendo impaciente con los humanos y su comportamiento abusivo. Está cansada de los humanos que abusan de otras criaturas y contaminan sus océanos y ríos, su suelo fértil y su atmósfera, con productos químicos tóxicos, emisiones nocivas, y toneladas y toneladas de basura antiestética. Y, no se equivoquen que la Madre Tierra es capaz de contraatacar—ella puede aumentar el número y la intensidad de sus desastres naturales, tales como terremotos, inundaciones, huracanes, tornados, y erupciones volcánicas, como una forma de golpear a los humanos. En última instancia, como último recurso, ella tiene la capacidad de acabar con la civilización humana para que pueda comenzar de nuevo desde el principio."

"Para que los humanos eviten destruir su civilización con su propia tecnología, o sean aniquilados por desastres naturales, deben acelerar la transición a la Nueva Tierra aumentando sus niveles vibratorios y haciendo la ascensión a un nuevo nivel de conciencia. Para hacerlo, deben aprender a controlar sus emociones negativas y abrazar el amor, la compasión y el perdón."

"Es por eso que los humanos deben estar especialmente vigilantes durante estos tiempos. Aquellas personas que están iluminadas deben ser diligentes con sus esfuerzos para ayudar a todos los humanos a hacer el cambio, para que la civilización humana continúe floreciendo en la Nueva Tierra."

Me quedé allí en silencio, absorbiéndolo todo. Esto fue mucho para comprender a la vez, pero sentí la urgencia en la voz de Sofía. "¿Qué puedo hacer para ayudar a la causa? ¿Qué puede hacer una persona para alterar la mentalidad de millones de personas?"

"Debes hacer todo lo posible para que todas las personas sean conscientes de la situación y animar a todos a trabajar duro para hacer la transición escribiendo sobre tu visita aquí y las otras cosas que encontrarás en tu viaje con Alberto. Verás, esta es solo la primera parada en tu aventura—Alberto te llevará en viajes para explorar tu planeta y otras partes del Universo, y debes describirlo todo en tu libro."

"Este Consejo ha estado ayudando a tu causa de muchas maneras diferentes. Hemos estado aumentando el ritmo de los mensajes que estamos enviando a los humanos sobre la próxima transición, porque el tiempo se está volviendo crucial. Nuestros mensajes se envían a través de diferentes canales y mensajeros, con la esperanza de que cada vez más personas entiendan el problema y se conviertan en parte de la solución. Cada vez más, hemos reclutado almas más avanzadas para encarnar en tu planeta para ayudar a los humanos a través de su liderazgo y sabiduría. Muchas civilizaciones avanzadas en otros planetas en el Universo han respondido a nuestro llamado de ayuda, y su asistencia ha sido muy positiva. Alberto te presentará algunas de estas formas de vida extraterrestre (ETs) en uno de tus viajes para que puedas ver por ti mismo."

"Esto es suficiente por ahora. Debes continuar tu viaje de exploración con Alberto."

Sofía y los demás miembros del Consejo se levantaron de sus sillas y salieron de la sala. Alberto y yo salimos de la sala del Consejo y nos relajamos en un banco afuera en la plaza. Mientras me sentaba allí disfrutando de otra canción mágica del grupo coral, traté de asimilar lo que Sofía me había revelado. Mucho se ha escrito últimamente en libros espirituales y metafísicos sobre la Nueva Tierra y cómo los humanos deben aumentar sus vibraciones para que puedan elevarse y unirse a la Nueva Tierra, dejando atrás a la Vieja Tierra, como parte de la transición de la tercera dimensión a la quinta dimensión. Tenía curiosidad sobre lo que Alberto pensaba sobre estas teorías, a la luz de lo que Sofía nos había dicho.

"En primer lugar", comenzó Alberto, "el uso de las palabras 'Nuevo' y 'Viejo' son apodos que tienen sentido solo en la Tierra con su percepción del tiempo como una progresión lineal del pasado al presente al futuro. Como te mencioné antes, este concepto del tiempo es solo una ilusión porque el tiempo lineal no existe en el lado del espíritu. En realidad, no hay pasado ni futuro, solo el presente."

"La Nueva Tierra no es un evento futuro. El planeta Tierra existe simultáneamente en varias dimensiones diferentes, cada una con diferentes niveles vibratorios. La Vieja Tierra, que es la Tierra que ustedes conocen, está en el escalón más bajo de la escalera—la dimensión con el nivel vibratorio más bajo y la materia más densa. La Nueva Tierra está más arriba en la escalera en una dimensión con un nivel vibratorio más alto. Pero la Nueva Tierra no es algo que sucederá en el futuro—siempre ha existido simultáneamente con la Vieja Tierra."

"Los humanos que viven en la Vieja Tierra tienen niveles de vibración que coinciden con las frecuencias de vibración de su planeta. Si quieren hacer la transición a la Nueva Tierra, deben aumentar sus niveles vibratorios para que coincida con ella.

Algunos seres humanos ya han hecho esto, y muchos más están trabajando hacia este objetivo. No todos los que viven hoy en la Vieja Tierra, sin embargo, harán la transición en sus vidas actuales, pero sus almas regresarán al lado del espíritu cuando sus cuerpos físicos mueran porque nadie es dejado atrás. Una vez que están de vuelta en el lado del espíritu, pueden decidir si quieren reencarnar en un humano en la Vieja Tierra para ayudar a los humanos restantes a hacer el cambio, o pueden elegir encarnar en un humano que ya ha hecho la transición a la Nueva Tierra."

"¿Es la Nueva Tierra lo mismo que el lado del espíritu?", me pregunté.

"No, no es lo mismo. La Nueva Tierra todavía existe en el plano físico, solo que no es tan densa como la Vieja Tierra debido a su alto nivel vibratorio. Los humanos en la Nueva Tierra todavía tienen cuerpos físicos, aunque han desprendido todas sus emociones negativas y viven en un mundo de amor, paz y armonía. Debido a que han aprendido a enfocar sus pensamientos en poderosas corrientes de energía, son capaces de manipular fácilmente la materia y manifestar lo que deseen. Así que no hay escasez de bienes materiales en la Nueva Tierra y no hay necesidad de que los humanos luchen entre sí por las cosas que todos quieren. Como resultado, las emociones negativas como los celos, la codicia, la ira y el odio no existen."

"Los humanos en la Nueva Tierra a menudo viven durante varios cientos de años, ya que pueden controlar el proceso de envejecimiento, resistir enfermedades y curar lesiones corporales. Sus cuerpos físicos mueren cuando sus almas deciden que es hora de regresar al lado del espíritu, no como resultado de la vejez o enfermedad."

"Las almas en el lado del espíritu no tienen cuerpos físicos; son como seres de pura energía. Así que mientras la Nueva Tierra tiene algunas de las características positivas del lado del espíritu, no es lo mismo. La Nueva Tierra está a mitad de la escalera vibratoria, mientras que el lado del espíritu está en la cima."

"¿Qué será de la Vieja Tierra cuando todos los humanos hayan hecho la transición?", me pregunté.

"La Vieja Tierra continuará existiendo simultáneamente con la Nueva Tierra. Cuando todos los seres humanos hayan hecho el cambio, pasará por un proceso de limpieza natural para librarse de toda la basura y contaminación dejada atrás por los seres humanos. Una vez que esto se haya completado, estará lista una vez más para aceptar nuevas formas de vida para nutrir y crecer. Estas nuevas formas de vida serán sembradas por los extraterrestres bajo la dirección del Consejo, y un nuevo ciclo comenzará."

"¿Qué pasa si los humanos restantes no hacen la transición porque han destruido toda la vida en la Vieja Tierra con su contaminación o armas de destrucción masiva?", me pregunté.

"En ese caso, las almas de los muertos en la destrucción volverán al lado del espíritu, excepto que no tendrán la opción de encarnar de nuevo en la Vieja Tierra. Si esto sucede, la Vieja Tierra tendrá que pasar por un proceso de limpieza mucho más largo antes de que esté lista para nuevas formas de vida. En el peor de los casos, permanecerá como un planeta estéril y sin vida, sin más posibilidades de albergar vida."

Mientras reflexionaba sobre ese inquietante pensamiento, Alberto me llevó fuera de Aglaia a través de la puerta que conducía fuera del lado del espíritu. Mientras flotaba hacia la Tierra y de regreso a mi dormitorio, le dije a Alberto que estaba ansioso por continuar nuestras aventuras para poder encontrar una manera de ayudar a mis compañeros humanos a hacer la transición antes de que fuera demasiado tarde.

Estaba agradecido de haber tenido la oportunidad de visitar a mis parientes en el lado del espíritu, y especialmente feliz de que mi madre me hubiera dado la aceptación para *Danzando en una estampilla*. Aunque Alberto me había dicho que todas las almas regresaban al lado del espíritu cuando sus cuerpos humanos mueren, fue agradable que esto me fuera confirmado durante mi viaje a Aglaia.

A la mañana siguiente me desperté de nuevo en mi cuerpo con los recuerdos de mi viaje todavía cristalinos en mi mente. Fui a mi habitual paseo matutino con Abby, disfrutando del aire fresco del océano y el perfume fragante de las flores de rododendro.

Admiré el majestuoso árbol de pino y los árboles de cedro rojo que bordeaban el camino, los arbustos de enebro cuidadosamente recortados entre las casas, y las deslumbrantes hortensias, begonias y peonías en las jardineras de flores. Pude ver las islas del Golfo salpicando el Estrecho de Georgia y las altas montañas costeras del continente en el fondo. Sonreí ante la música de los pájaros cantores y me reí de dos colibríes persiguiéndose uno al otro alrededor del comedero rojo y amarillo que cuelga de nuestros aleros. *Sería una lástima que esta belleza y esplendor desaparecieran para siempre*, pensé, ya que anhelaba otra visita de Alberto para poder aprender lo que necesitaba hacer para ayudar a salvar mi planeta.

No tuve que esperar mucho tiempo esta vez, ya que dos noches más tarde Alberto apareció una vez más en mi habitación y me hizo señas para que siguiera. Mi cuerpo astral se deslizó fácilmente fuera de mi cuerpo físico como antes, y nos levantamos y subimos a la oscuridad del espacio. No tenía idea de a dónde íbamos esta vez, pero sentí que Alberto tenía algunas sorpresas escondidas.

Capítulo 2
Proteus

Me deslice sin esfuerzo detrás de Alberto hasta que llegamos a un punto muy por encima de la Tierra, que se sostenía en la oscuridad del espacio como una joya colgante. Estaba hipnotizado por la grandeza de mi planeta, pero sabía que Alberto no me había traído aquí solo para ver los lugares de interés.

"¿A dónde me estás llevando esta vez?", le pregunte entusiasmado a Alberto.

"Vamos a visitar un planeta acuático a muchos años luz de la Tierra para que puedas conocer a algunos de sus habitantes", explicó Alberto.

"Entonces, ¿cómo llegaremos allí?"

"He organizado un trineo de perros para que nos recoja. No irá muy rápido, pero tiene un monitor para películas en vuelo. Estoy pensando que tendrás tiempo para ver miles de películas durante el viaje, así que espero que no te importe las repeticiones o subtítulos. Como un bono adicional, puedes acurrucarte con los perros si tienes frío."

"Muy gracioso, Alberto. Veo que tu humor no ha mejorado mucho desde nuestra primera reunión. Tienes que pasar más tiempo alrededor de los comediantes en el lado del espíritu para que algo de su humor se te pegue."

Alberto sonrió travieso y se encogió de hombros. Luego tomó de mi brazo, me hizo un guiño, y señaló hacia Orión. La Tierra y todas las estrellas desaparecieron repentinamente, dejando nada más que el espacio de oscuridad. Después de unos segundos, las estrellas reaparecieron, y noté que estábamos flotando en el espacio sobre un brillante planeta azul que me recordaba a la Tierra. Su superficie estaba cubierta de un océano azul sin masas de tierra, con nubes blancas y tenues concentradas cerca del ecuador. Detrás de mí noté un sol brillante que era similar en tamaño y apariencia a nuestro propio

Sol. Mientras descendíamos hacia la superficie, pude ver claramente las aguas tranquilas que brillaban en la luz del sol, pareciéndose mucho a los océanos de la Tierra. Continuamos descendiendo hasta que nos sumergimos en el agua cristalina. Bajo la superficie vi un mundo submarino muy parecido al paisaje subterráneo del mar Caribe que recordé de varias aventuras pasadas de buceo de superficie. Estaba repleto de peces de colores brillantes, largas anguilas negras y muchos peces más grandes que parecían tiburones. El fondo marino estaba parcialmente cubierto de coral y una profusión de plantas acuáticas que se bañaban en la cálida luz del sol.

Yo flotaba lánguidamente en este mundo submarino, disfrutando del esplendor a mi alrededor sin la necesidad de salir a la superficie para el aire. Entonces sentí un toque suave de Alberto mientras me hizo un gesto para que lo siguiera.

"¿Dónde estamos, Alberto?", dije mientras nos deslizábamos por el agua.

"Estamos en el planeta Proteus, que órbita alrededor de un sol en tu galaxia a unos cientos de años luz de la Tierra. Todo este planeta está cubierto con el océano, y no hay masas de tierra sobre el agua. Toda la vida en Proteus es acuática, y la mayoría de sus especies son similares a las que se encuentran en la Tierra."

"¿Por qué me trajiste aquí?"

"Quiero que conozcas a alguien. Sígueme", mientras flotaba hacia una gran estructura que descansaba sobre el fondo marino. A medida que nos acercábamos, pude ver que era similar a los arrecifes de coral de la Tierra, excepto que era mucho más grande. Cerca de la base vi dos criaturas de aspecto familiar— la más grande parecía una ballena jorobada, mientras que la criatura más pequeña me recordaba a un delfín.

Nos recibió una voz suave y melodiosa que emanaba de un ser parecido al delfín.

"Bienvenido a Proteus. Mi nombre es Aldine y este es Horace. Estamos encantados de conocerte, y estamos agradecidos de Alberto por traerte aquí."

"Ustedes dos se parecen a los delfines y ballenas jorobadas que tenemos en la Tierra", señalé.

"Somos las mismas formas de vida que sus delfines y ballenas jorobadas porque Proteus es donde los delfines y las ballenas jorobadas de la Tierra se originaron. Hace muchos eones, cuando la Tierra era muy joven, el Consejo Galáctico determinó que los océanos de la Tierra estaban listos para sostener formas de vida, por lo que sembraron en tu planeta vida marina y plantas acuáticas de nuestro planeta. Es por eso que todo lo que te rodea parece tan familiar", dijo Horace.

"¿Cómo viajaron estas formas de vida a la Tierra?", pregunté.

"El Consejo Galáctico coordinó que los seres del planeta Nibiru transportaran nuestra flora y fauna a la Tierra en sus naves espaciales más rápidas que la luz. De hecho, toda la vida marina encontrada en la Tierra hoy originalmente provenía de Proteus", continuó Horace.

"¿Quién es el Consejo Galáctico?", me preguntó.

"El Consejo Galáctico es el cuerpo de seres sabios que supervisa nuestra galaxia. Una de sus funciones es sembrar vida en toda la galaxia en planetas que puedan sostenerla. Una vez que han elegido un planeta para una nueva vida, lo siembran con formas de vida de planetas con condiciones similares, por lo que igualaron la Tierra con nuestro planeta", respondió Aldine.

"Entonces, ¿por qué querías reunirte conmigo?"

"Le pedimos a Alberto que te trajera aquí para que pudiéramos darte un mensaje para transmitirlo a todos los seres humanos en tu planeta", explicó Aldine. "Primero, ustedes deben saber que continuamos comunicándonos telepáticamente con nuestros hermanos en la Tierra, a pesar de que estamos a cientos de años luz de diferencia. Aunque no tenemos tecnología tal como la conocen los humanos, estamos mucho más avanzados que los humanos en muchos aspectos. Hemos aprendido a controlar nuestras emociones para que no abusemos de unos a otros ni a ninguna otra criatura en nuestro planeta. Las emociones negativas, como el miedo, la ira y el odio, no existen en nuestro planeta. Vivimos en paz y armonía unos con otros y con nuestro planeta. Aprendimos hace mucho tiempo que el amor siempre prevalecerá sobre el miedo, y la compasión y la empatía disiparán la necesidad de juzgar a los demás."

"Debido a que hemos conquistado nuestras emociones negativas, hemos sido capaces de aumentar nuestros niveles vibratorios y expandir nuestra conciencia hasta el punto en que podemos comunicarnos con nuestros hermanos y hermanas a través de vastas distancias. Aunque nuestro planeta cubierto de agua no tiene humanos, sabemos todo sobre los humanos en la Tierra—y no nos gusta lo que escuchamos."

"Queremos que los humanos sepan que es incorrecto y abusivo cazar, atrapar y matar a nuestros parientes en tu planeta, como lo han estado haciendo durante muchos años. Hemos estado escuchando los gritos de angustia de las ballenas que han sido arponadas por humanos despiadados y de los delfines que son cazados para alimento o encarcelados en sus parques acuáticos y acuarios. A pesar de sus frecuentes intentos de comunicarse con los humanos para conseguir que detengan la carnicería, sus esfuerzos han sido inútiles. Los humanos, a pesar de sus grandes cerebros y tecnología avanzada, no escuchan estos gritos de ayuda. La mayoría de los seres humanos no han sido capaces de elevar su conciencia a un nivel lo suficientemente alto como para escuchar nuestras súplicas, principalmente porque están demasiado envueltos en avaricia y arrogancia."

"Los humanos necesitan darse cuenta de que todas las formas de vida en el Universo forman parte de la Fuente. No somos entidades separadas, sino parte del todo. Así que no debes pensar en los delfines, ballenas y otras especies marinas como simples animales inconscientes e insensibles para ser usados (o abusados) como los humanos lo consideren conveniente. Somos seres sensibles que hemos estado ayudado a su raza durante siglos, excepto que todo lo que obtenemos a cambio, en su mayor parte, es violencia y desprecio. Reconocemos que hay muchos humanos que se oponen a esta brutalidad y que hacen todo lo posible para detener el abuso, pero estas personas no controlan tu planeta. Aunque en las últimas décadas se han hecho progresos considerables para reducir la explotación de nuestros familiares, como la moratoria sobre la caza comercial de ballenas, queda mucho por hacer."

"Para añadir a los peligros que nuestros parientes terrestres enfrentan todos los días, los humanos han puesto en peligro toda la vida marina de tu planeta al verter aguas residuales no tratadas, productos químicos tóxicos y otros productos de desecho en sus océanos, lagos y ríos."

"No entendemos la arrogancia desenfrenada de la raza humana. Actúan como si la Tierra fuera puesta allí para su propio uso exclusivo y las otras criaturas que comparten tu planeta no importan. La Tierra y todas sus otras criaturas no merecen tal abuso; sin embargo, parece que somos impotentes para evitar que esto suceda. Para ser honesto, tu planeta estaría mucho mejor sin ningún ser humano. No tenemos seres humanos en Proteus, y disfrutamos de un ecosistema sano y equilibrado sin contaminación."

"Cuando pedimos ayuda al Consejo Galáctico, nos dijeron que no podían interferir directamente con las actividades de los humanos en la Tierra, pero podrían ayudarnos a persuadir a los humanos para que cambiaran sus caminos. Es por eso que estás aquí. Te pedimos que regreses a tu planeta y difundas nuestro mensaje a las multitudes. Te imploramos que aceptes nuestra súplica de ayudar a nuestra familia en la Tierra."

Estaba aturdido y consternado por lo que escuché. De hecho, podía sentir el dolor y la angustia que fluía de Aldine mientras hablaba. Sabía que era un grito de ayuda que debo responder.

"Acepto tu solicitud", respondí. "Llevaré tu mensaje a la Tierra, y haré todo lo posible para asegurarme de que sea escuchado por todos los humanos."

Les di a ambos un abrazo y asentí con la cabeza a Alberto de que era tiempo de retirarnos. Alberto tomó mi mano, y ascendimos a través del agua y subimos al brillante cielo azul de Proteus. Cuando este hermoso planeta no era más que una pequeña esfera azul, Alberto apuntó con el dedo a las estrellas, y una vez más entramos en la oscuridad total del espacio. Segundos más tarde, aparecimos de nuevo en nuestro sistema solar y continuamos hacia la Tierra. Flotamos a través de las nubes, bajamos por el techo de mi casa y descendimos suavemente en mi dormitorio. Mi esposa y mi perrita seguían durmiendo plácidamente junto a mi cuerpo.

Me desperté a la hora habitual a la mañana siguiente, de vuelta en mi cuerpo. Al principio pensé que tal vez había experimentado un sueño vívido, excepto que los detalles eran tan claros que estaba absolutamente seguro de que mi viaje con Alberto era real. Sentí una fuerte necesidad de sentarme en mi computadora para grabar todo lo que sucedió antes de que los detalles se borraran de mi memoria.

Cuando abrí el correo electrónico en mi computadora y vi todo el correo basura esperándome, me pregunté si no estaríamos mejor viviendo sin tecnología como las ballenas y delfines en Proteus. Parecía que cada vez que se desarrollaba una nueva invención para hacernos la vida más fácil y productiva para todos nosotros, ciertos malhechores siempre encontraban maneras de explotar la nueva tecnología para sus propios fines egoístas, en detrimento de todos los demás.

Todo lo que tenía que hacer era responder al correo basura y podía obtener píldoras de dieta para perder quince libras en diez días, comprar una inversión sin riesgo garantizado que devolvería un 30 por ciento de beneficio en dos meses, aprender el secreto para aumentar mi libido y comprar una loción mágica que crecería cabello nuevo en cuestión de días. Entonces me di cuenta de que mi secreto estaba al aire libre: alguien había descubierto que en realidad era gordo, estúpido, con problemas sexuales y calvo.

Pero yo estaba en una misión, y el correo basura tendría que esperar. Después de nuestra visita a Proteus, Alberto me dijo que volvería en un par de días para mostrarme algunos eventos muy preocupantes que están sucediendo ahora mismo en nuestro planeta. No tenía deseos de ver lo que tenía reservado para mí, pero sabía que era inútil discutir con él. Así que me preparé para su próxima visita.

Capítulo 3
¿Qué demonios estamos haciendo?

Alberto era fiel a su palabra. A la noche siguiente después de mi visita a Proteus, me desperté de un sueño profundo y encontré a Alberto de pie en la puerta de mi dormitorio, haciendo gestos para que lo siguiera. Me levanté suavemente de mi cama, dejando mi cuerpo atrás, y seguí a Alberto mientras ascendía hacía el cielo nocturno hasta que la Tierra se tornó en una pequeña esfera azul flotando en la oscuridad del espacio.
"¿A dónde vamos esta vez?", pregunté.
"Vamos a volver a la Tierra para que puedas ver algunos de los abusos que los humanos están infligiendo a los animales en tu planeta", respondió.
Y con esto, Alberto comenzó su descenso hacia la Tierra, y lo seguí sin esfuerzo. Descendimos a través de las nubes y emergimos sobre el océano Pacífico cerca de Indonesia, dirigiéndonos hacia un barco de pesca con una intensa actividad en su cubierta. La tripulación estaba ocupada enrollando los carretes, con carnadas de carne de delfín, que había enganchado docenas y docenas de pez martillo, y tiburones zorro y tigre. Mientras los tiburones todavía estaban vivos, hombres con cuchillos afilados cortaron sus aletas y tiraron a los tiburones sangrantes por la borda, donde morirían lentamente por asfixia o serían comidos por depredadores. Alberto explicó que las aletas se cosechaban para hacer sopa de aleta de tiburón, que era una delicia en la cocina China. Como las aletas eran más valiosas que la carne de tiburón, el resto del tiburón era desechado para hacer más espacio para las aletas. Aunque el corte de aletas de tiburón ha sido prohibido en varios países, la práctica continúa en muchas partes del mundo, hasta el punto de que varias especies de tiburones están al borde de la extinción.
Miré con disgusto la masacre de los tiburones hasta que ya no pude soportar esta brutalidad. Le di la espalda al barco de pesca y le dije a Alberto que tenía que irme. Alberto me sacó

rápidamente de la matanza sangrienta en el barco, y nos levantamos a través de las nubes, reemergiendo momentos después sobre el continente africano. Descendimos en una parte aislada de Zimbabue para presenciar otra escena de carnicería— un campo lleno de los cuerpos de varias docenas de elefantes muertos. Un grupo de cazadores furtivos estaban ocupados aserrando los colmillos de marfil con sierras de cadena y arrojando el botín a la parte trasera de sus camiones. El valioso marfil se vendería en el mercado negro a clientes en Asia que lo usarían para tallas elaboradas y elixires tradicionales. Me entristeció profundamente la visión de estas magníficas criaturas que yacían sin vida en la llanura, y me estremecí al pensar que esta matanza continuaría a menos que se tomaran medidas drásticas.

"La matanza de elefantes por su marfil ha estado sucediendo durante siglos", resaltó Alberto, "y recientemente los cazadores furtivos se han vuelto más sofisticados. En lugar de disparar a los elefantes con rifles, ahora los están matando con veneno, que es más rápido y fácil. Los elefantes que ven aquí murieron por ingerir cianuro colocado por estos cazadores furtivos."

"Este es otro ejemplo del abuso que se produce todos los días en tu planeta, no solo con tiburones y elefantes, sino con muchas otras especies que son cazadas y matadas por los humanos por sus cuernos y otras partes de animales exóticos para satisfacer a los clientes que no saben, o no les importa, cómo fueron obtenidos. Ninguna de estas matanzas es esencial para la supervivencia de ningún ser humano. Podría mostrarte docenas de ejemplos más, pero creo que obtienes la imagen."

"Tu gente tiene que darse cuenta de que las otras criaturas en tu planeta no fueron puestas allí para ser abusadas por los humanos. El hombre pensante debe librarse de su intolerable arrogancia cuando se trata de otros animales. Todas las criaturas en la Tierra tienen el mismo derecho a vivir sus vidas como fue previsto, y los humanos no tienen un estatus especial en el reino animal—solo piensan que lo tienen. El abuso de otros animales continuará hasta que suficientes seres humanos iluminados exijan un alto a estas prácticas. Aunque se ha hecho mucho progreso en los últimos años, todavía tienen un largo camino por recorrer."

"Esto me lleva a una pregunta obvia, Alberto. ¿Deberían los humanos abstenerse por completo de comer carne y mariscos? ¿Deberíamos convertirnos todos en vegetarianos?"

Alberto me miró atentamente con sus penetrantes ojos azules y respondió: "Aunque tu pregunta sea muy compleja, trataré de responderla de una manera que puedas entender. En primer lugar, no hay acciones absolutas correctas o incorrectas en la Tierra, en el sentido de que la Fuente no hace reglas para que los humanos las sigan. Pero todos tenemos reglas y pautas para nuestra conducta en la Tierra que nos fijamos como almas en evolución."

"Es la meta de cada alma crecer y evolucionar experimentando la vida en la Tierra y aprendiendo las lecciones que nos fijamos. Cada alma que encarna en la Tierra tiene un fuerte deseo de empujar a sus cuerpos físicos para descartar todas las emociones negativas y abrazar solo el amor y la compasión por todos y todo."

"En este contexto, es erróneo matar animales para el deporte o cosechar partes exóticas del cuerpo que no son esenciales para la supervivencia. No debes pisar un insecto en la acera porque no tienes la intención de comerlo, y no te está causando ningún daño. Es muy cruel para los humanos pensar que está bien matar animales para la emoción de la caza. Sin embargo, cuando se trata de matar animales para alimento, la respuesta es más complicada."

"En el reino animal, no está mal que un león mate y se coma una gacela o que un zorro se coma un conejo, ya que esto es algo que deben hacer para sobrevivir. No matan por deporte; matan lo que necesitan para alimentarse a sí mismos y a sus cachorros, y no sienten ningún odio o enojo hacia sus presas. Del mismo modo, no está mal que un bisonte pisotee a un lobo que estaba a punto de matar a su becerro, o que una madre humana golpee a una avispa que iba a picar a su bebé."

"Con los seres humanos, no es tan claro cuando se trata de matar a otros animales para la comida. Históricamente, los humanos han sido omnívoros porque comían carne animal, así como vegetación. En los primeros días, los humanos no tenían las opciones de alimentos disponibles hoy en día, por lo que tuvieron que sobrevivir comiendo la carne de cualquier animal que capturaran y buscando frutas comestibles, bayas y raíces."

"Muchos vegetarianos en tu planeta argumentan que comer carne animal es incorrecto porque no es natural para los humanos. Ellos creen que los humanos en realidad son herbívoros desde una perspectiva fisiológica, y se basan en argumentos anatómicos esotéricos para apoyar su punto de vista. Citan cosas como la longitud del tracto intestinal de los seres humanos en relación con su longitud corporal, el tamaño relativo de sus bocas y su tendencia a masticar extensivamente sus alimentos, como prueba de que los humanos son más como herbívoros que carnívoros."

"No tiene sentido, sin embargo, argumentar que se supone que los humanos sean herbívoros porque algunas de sus características físicas son similares a los herbívoros, cuando históricamente está claro que los humanos han sido omnívoros practicantes por más de dos millones de años. Dado que la Fuente no tenía ninguna intención específica para los humanos cuando los creó (al igual que no hizo ninguna regla para los humanos a seguir), debería ser evidente que no es antinatural para los humanos comer proteína animal, ya que esa ha sido su práctica durante el tiempo que se han conservado sus registros."

"Pero esto no significa que los humanos deban necesariamente seguir siendo omnívoros. Al principio, los seres humanos tenían opciones limitadas para la comida, y tenían que "aprovechar" el comer lo que pudiera estar disponible en ese momento. En los últimos años, la mayoría de las personas en el mundo desarrollado tienen una amplia gama de frutas, frutos secos, bayas, granos y verduras disponibles en el supermercado local y, armados con conocimientos científicos modernos sobre lo que es esencial para una dieta nutritiva, pueden vivir vidas saludables sin consumir carne animal. Aunque el vegetarianismo ha existido desde los días de la antigua Grecia y la India, su popularidad ha aumentado significativamente durante los últimos cincuenta años."

"Los vegetarianos se adhieren a su práctica por varias razones. Muchos creen que comer carne animal es perjudicial para su salud y bienestar físico. Otros sienten que es moralmente malo matar a otros animales para alimento. Y, algunos vegetarianos creen que criar animales para alimento es perjudicial para el medio ambiente y una manera ineficiente de alimentar a la gente en la Tierra. Más recientemente, algunas personas se han vuelto vegetarianas porque creen que el consumo de proteína animal es un elemento disuasorio para aumentar sus niveles vibratorios y expandir su conciencia."

"Ahora que tantos seres humanos tienen la capacidad de comer alimentos saludables y nutritivos sin consumir carne animal, ¿significa esto que matar animales para alimento es incorrecto? Siempre que los animales sean matados de manera humana, y sus cuerpos sean consumidos como alimento, la decisión debe dejarse a cada persona de manera individual. Después de miles de años como omnívoros, sería poco realista pensar que los humanos cambiarían esta práctica de la noche a la mañana. A medida que los humanos continúan evolucionando y aumentando sus niveles vibratorios, más y más humanos intuitivamente reducirán la cantidad de carne animal que consumen hasta que se elimine por completo de sus dietas. Este será un proceso gradual que no debe ser forzado en las personas."

"No solo habrá un cambio lento y constante lejos de la proteína animal, sino que los seres humanos comenzarán a reducir el consumo de alimentos sólidos de cualquier tipo, eventualmente consumiendo solo líquidos que contengan todos los nutrientes necesarios para un cuerpo sano. En última instancia, en algún momento en el futuro, los seres humanos tienen el potencial de progresar a un estado en el que ni siquiera necesitarán consumir alimentos líquidos; ellos serán sostenidos al aprovechar directamente la energía del Universo. Mientras tanto, las personas deben considerar sus opciones y hacer lo que les parezca correcto. La transición sucederá sin problemas a medida que los humanos eleven sus vibraciones, pero el ritmo de cambio será diferente para cada persona."

Esto fue mucho para absorber en un día, así que le pedí a Alberto que me llevara de vuelta a casa donde pudiera digerir todo lo que había visto en este viaje revelador. Pero Alberto objetó: "Sé que estás consternado por lo que viste hoy, pero antes de regresar a la comodidad y seguridad de tu hogar quiero darte más para reflexionar mostrándote parte del daño infligido a tu planeta por humanos desconsiderados e indiferentes."

Así que nos alejamos de la matanza de elefantes y salimos de las nubes sobre una ciudad de fábricas en el sur de China. A medida que nos acercábamos, pude ver el humo negro saliendo de innumerables chimeneas industriales. Cuando entramos en el aire contaminado sobre las fábricas apenas podía ver el suelo debajo. Aunque no podía oler ni respirar el aire en mi forma astral, no tenía duda de que me habría estado ahogando si hubiera estado allí en mi cuerpo físico.

"¡Qué horrible mancha en la atmósfera de la Tierra!", me lamenté con Alberto. "¿Cómo puede una criatura viviente respirar estas cosas sin morir eventualmente de una muerte horrible?"

"Esta es otra forma de abuso fomentado por los seres humanos", respondió Alberto. "Emisiones como esta en todo el mundo están envenenando la atmósfera de la Tierra y causando grandes problemas para la Madre Tierra y todos sus habitantes. Este es solo un ejemplo de contaminación generada por el hombre. Los seres humanos están envenenando ríos, lagos y océanos con basura, productos químicos tóxicos y otros desechos humanos a un ritmo alarmante. Han estado contaminando sus tierras de cultivo con herbicidas y pesticidas durante décadas y están cortando acres y acres de árboles generadores de oxígeno todos los días en las selvas tropicales de tu planeta. La mayor parte de esta actividad es supuestamente para el mejoramiento de la civilización humana, aunque los efectos secundarios de estas actividades están dando el resultado contrario."

"La Madre Tierra es como un organismo vivo que ha sido abusado por los humanos para su propio placer durante siglos.

Si los seres humanos no reducen y eliminan su contaminación, tendrán que sufrir las consecuencias. Como Sofía advirtió cuando nos reunimos con el Consejo de los Sabios, la Madre Tierra tiene la capacidad de luchar, y ella ya había comenzado su contraataque repartiendo desastres naturales más severos en todo el mundo, que continuarán escalando hasta que la contaminación se haya detenido o haya logrado librarse de la causa. Los seres humanos no deben subestimar la determinación de la Madre Tierra para solucionar el problema."

"Levantas un punto escalofriante", me aventuré. "¿Qué puedo hacer para cambiar las cosas?"

"Cada persona puede ayudar a la causa, y muchas personas actuando en conjunto harán una gran diferencia. Debes correr la voz tanto como sea posible y pedir a todos los que toques que hagan lo mismo. Eventualmente, los gobiernos en la Tierra escucharán el mensaje y se verán obligados a hacer cambios o enfrentar la ira de sus ciudadanos. Aunque se ha avanzado mucho en los últimos cincuenta años, los seres humanos todavía tienen un largo camino por recorrer en la búsqueda de minimizar la contaminación."

La advertencia de Alberto me provocó un escalofrío, pero me di cuenta de que aún no había terminado. Así que me prepare para su próximo desafío. Como de costumbre, Alberto no me decepcionó, ya que continuó con su diatriba.

"Una de las peculiaridades de los humanos como especie es que no solo abusan de su planeta y de las otras criaturas que viven en él, sino que también abusan de otros humanos a través de la violencia y el abandono. La civilización humana en este punto tiene la capacidad de asegurar que todas las personas puedan disfrutar de las necesidades básicas de la vida dondequiera que vivan, excepto que esto no ha sucedido porque las naciones ricas no comparten lo suficiente con los países pobres, y los gobernantes de las naciones pobres a menudo malgastan los recursos de su país en sí mismos o en armamentos. Estos desequilibrios en la propiedad y distribución de los recursos en su planeta continúan siendo una mancha para la humanidad porque demasiadas personas privilegiadas no se preocupan lo suficiente por los 'que no tienen' como para instigar el cambio." "Déjame mostrarte lo que quiero decir. Te llevaré a un par de otros lugares en la Tierra actual para que puedas verlo por ti mismo."

Nuestra primera parada fue en la ciudad de Nueva York en un elegante restaurante en el centro de Manhattan. Nos deslizamos a través de las paredes y entramos en un comedor privado lleno de un par de docenas de hombres y mujeres vestidos con costosos trajes de negocios. Alberto explicó que esta fiesta era para celebrar la finalización de la fusión de dos empresas públicas. Las personas en la sala eran ejecutivos de las compañías fusionadas, banqueros de inversión que brindaron asesoramiento sobre la fusión, y abogados de los dos grandes bufetes de abogados que manejaron los aspectos legales de la transacción.

Todos disfrutaban de cócteles, y la charla era animada y jovial. Luego los camareros llevaron un carro cargado con champán francés (a un costo de $300 la botella) que se sirvió a todos los invitados. Después de varios brindis para honrar la finalización de la fusión y el arduo trabajo de todos los involucrados, se sentaron a las mesas para que la cena pudiera ser servida. Alberto me dijo que era un menú fijo de cinco platos (*foie gras*, panecillo de langosta, lomo de ternera, *crème brûlée,* quesos variados y fruta fresca) a un costo de $225 por persona, con todo lo que quieras beber de vino blanco y tinto que cuestan $100 – $150 por botella. Para terminar, los invitados fueron servidos con fino coñac, vino *Oporto Vintage* y whisky de malta de veinticinco años, junto con cigarros Cohiba.

En este punto, un par de los invitados más jóvenes, que habían consumido demasiadas copas de vino, decidieron animar la fiesta. Cada uno de ellos agarró una botella de champán del carrito, las agitaron y comenzaron a rociarse mutuamente con el líquido espumante. Parecía una escena de los vestidores de los campeones del *Super Bowl*. Todos en la habitación se rieron de estas travesuras, y a nadie parecía importarle que este caro champán se desperdiciara.

"Este es un ejemplo de cómo algunos seres humanos privilegiados se tratan entre ellos mismos con exhibiciones extravagantes de consumo extremo", resaltó Alberto. "Ahora ven conmigo a ver a alguien viviendo en el otro extremo."

Alberto me sacó del restaurante y nos deslizamos suavemente a través del Atlántico hasta que estuvimos sobre Somalia, en el Cuerno de África. Descendimos en una pequeña aldea y entramos en una pequeña cabaña. En el interior había una joven esquelética de unos veinte años que no era más que piel y huesos. Ella sollozaba incontrolablemente mientras agarraba el cuerpo sin vida de su hijo, que parecía tener alrededor de tres años de edad.

Alberto explicó que esta mujer había perdido a su marido varias semanas antes, cuando fue baleado por militantes. Tenía poco dinero y ningún otro miembro de la familia que la ayudara, y había luchado para proporcionar comida y agua para ella y su hijo. Varios días antes, su hijo enfermó gravemente de disentería por beber agua contaminada y, como no había médicos ni instalaciones médicas cerca de su aldea, la joven madre tuvo que ver a su hijo deteriorarse lentamente y morir.

Sentí angustia en mi corazón por esta pobre madre, y deseé poder darle algo de consuelo. Pero como yo estaba allí en forma astral, ella no podía verme ni oírme, y yo no podía tocarla. Fue desgarrador para mí, y me sentí impotente.

"¿Ves el contraste entre esta escena y la de Nueva York?", Alberto añadió. "Uno de los mayores problemas con la humanidad es que muchos humanos viven en hogares cómodos, disfrutan de buena comida y bebida, y tienen acceso a instalaciones médicas de última generación, mientras que millones de otras personas no tienen suficiente comida para comer o agua potable para beber. Esto es aún más vergonzoso cuando se considera la extravagancia derrochadora de algunas de las personas privilegiadas. Este desequilibrio en la distribución de los recursos en tu planeta es una de las cosas que impiden el avance de la humanidad hacia una mayor conciencia y niveles vibratorios más altos."

"La gente en la fiesta en Nueva York no causó directamente la angustia de esta mujer en Somalia, pero tampoco hicieron nada para ayudar a la causa. Imagina la diferencia si hubieran cancelado su fiesta y donado el dinero en su lugar a una organización benéfica que proporcionara ayuda a los pobres de Somalia. Ninguno de ellos habría sufrido sin la celebración, y su donación habría aliviado mucho sufrimiento en África."

"Podría mostrarte muchos más ejemplos de países ricos que malgastan recursos mientras las personas sin hogar viven en las calles, las personas mayores luchan por comprar alimentos y muchas familias subsisten en la pobreza. Sin mencionar a todos los seres humanos en los países pobres que mueren cada año de malnutrición y enfermedades."

"Luego debes de considerar todas las lesiones premeditadas directas y muertes que los humanos se infligen unos a otros todos los días. Si escuchas tus programas de noticias, no será difícil encontrar ejemplos de este abuso: homicidios, matanzas terroristas, guerras civiles, conflictos religiosos y genocidio, solo por mencionar algunos. Parece que cada vez que algunas naciones progresistas dan un paso adelante, otras naciones dan un paso atrás. En el mundo desarrollado, todo niño tiene derecho a recibir una educación financiada por el Estado, mientras que en otras naciones las niñas, por razones religiosas, no pueden ir a la escuela. ¿Qué le dirías a un niño de tu país que te preguntara cómo era posible que una joven fuese baleada por hombres adultos simplemente porque había hecho campaña por el derecho de las niñas a ser educadas igual que los niños? De hecho, humanos, ¿cómo es posible que estas cosas sigan sucediendo en su planeta?"

No tenía respuesta para Alberto, y sin duda estaba avergonzado por la conducta de mis compañeros humanos.

"Todo esto es muy deprimente, Alberto. ¿Hay alguna esperanza de que los humanos en este planeta puedan cambiar las cosas, o estamos condenados a fracasar una vez más?"

"Por supuesto que hay esperanza para los humanos, por lo que te llevé en este recorrido. Más tarde, te mostraré las buenas noticias. Parafraseando a uno de tus famosos sabios, Yogi Berra, no terminará hasta que termine. A pesar de que los humanos han cometido muchos "errores" hasta este punto, todavía pueden sacar la mano del fuego al enfocarse en lo que es importante y al entender que ganar es 80 por ciento de concentración mental, mientras que la otra mitad es física. Lo más importante de todo, la próxima vez que llegues a una bifurcación crucial en el camino, tienes que tomarla."

"¿Cómo puedes bromear en un momento como este?"

"Porque es mucho mejor reír que llorar. Si no puedes reírte de tus debilidades y la situación en la que está la humanidad, nunca saldrás de este lío. Déjame llevarte de vuelta a casa para que tengas tiempo de asimilar lo que viste hoy. Entonces volveré para mostrarte algunas cosas que nunca contemplaste en tus sueños más salvajes."

Capítulo 4
Aprendiendo del pasado

Pasaron unos días sin saber de Alberto, así que estaba listo para él cuando finalmente reapareció en mi habitación. Seguimos nuestra rutina habitual y flotamos hasta nuestro punto de encuentro muy por encima de la Tierra. Luego seguí a Alberto a través de la puerta hacia el lado del espíritu, pasando por la hermosa pradera, y hacia Aglaia a través de su portal señorial. Alberto me llevó por una calle ancha que se abría a la plaza principal, y nos detuvimos frente a un edificio rectangular alto con amplios escalones de piedra que conducían a una resplandeciente puerta de bronce. Alberto explicó que este era el Salón de los Registros, que contenía los Registros Akáshicos. Subimos las escaleras, a través de la enorme puerta, y nos detuvimos en el borde de un gran vestíbulo con un techo alto que emanaba luz de una elegante lámpara de cristal. Tres amplios pasillos se ramificaban desde el vestíbulo como radios de una rueda, cada uno con puertas a ambos lados. Fuimos por el pasillo a nuestra izquierda y entramos en una de las salas de observación desocupadas, que estaba vacía excepto por un gran globo holográfico lleno de remolinos azules y blancos.

"¿Por qué me trajiste aquí?", me aventuré.

"Como sabes, los Registros Akáshicos contienen los detalles completos de cada vida que se ha vivido en cualquier parte del Universo. Quiero mostrarte cómo funcionan las revisiones de vida, que son una parte esencial de la transición de regreso al lado del espíritu después de que las almas terminan sus vidas en la Tierra. Cada alma que regresa viene aquí para su revisión de vida, donde puede revisar y analizar todo lo que ocurrió en su última vida. En la revisión de vida podrás observar tu vida pasada como si estuvieras viendo una película en 3D, con la capacidad de verla en cámara lenta y pausar la acción de vez en cuando para obtener una mejor perspectiva. Podrás revisar tu vida en orden cronológico o en cualquier otra secuencia que tenga sentido para ti. También serás capaz de 'revivir' todas o partes de tu vida como si estuvieras de vuelta en tu cuerpo humano."

"Uno de los aspectos más beneficiosos de tu revisión de vida es que también podrás escuchar los pensamientos y sentir las emociones de todas las personas con las que interactuaste mientras estabas en la Tierra. Así que, si hubieras dicho algunas palabras crueles a un compañero de trabajo un día, serás capaz de sentir el dolor y el rechazo de esta persona en respuesta a tu hostilidad. O si hubieras traído flores a tu tía anciana en el hospital, sentirías la profunda gratitud que ella sintió por tu consideración. Esta característica de tu revisión te dará una mejor comprensión de cómo tus palabras y acciones afectaron a otras personas."

"Debes entender, sin embargo, que las revisiones de vida no tienen la intención de hacerte sentir culpable o arrepentido. Su propósito es meramente educativo—para darte una mejor perspectiva de tu vida para que puedas aprovechar al máximo tus experiencias. El objetivo es ayudarte a reconocer los errores que cometiste y las lecciones que no pudiste aprender, lo cual te será muy útil a la hora de planificar tu próxima vida."

"Cuando estés revisando tu vida, tendrás el beneficio de saber lo que pretendiste en tu plan de vida, y esto te ayudará a entender dónde te desviaste del rumbo como resultado de los mensajes que te perdiste de tus guías espirituales. Tus guías estarán allí para ayudarte a analizar los efectos de tus giros equivocados, oportunidades perdidas y lecciones fallidas, excepto que nadie te juzgará o te dará una calificación por la vida que acabas de completar; dependerá de ti evaluar tu desempeño en base a los criterios que estableciste para ti mismo antes de nacer."

"Cuando tu revisión haya terminado, planificarás tu próxima encarnación. Puedes pasar tanto tiempo como quieras descansando y recuperándote de tu vida reciente, especialmente si tuviste una vida dura o sufriste una muerte violenta. No hay horarios en el lado del espíritu, y nadie te dice qué hacer o cuándo hacerlo. Podrás acceder al vasto cuerpo de conocimiento disponible en el lado del espíritu para ayudarte a planificar tu próximo movimiento, incluyendo los Registros Akáshicos que te permitirá revisar todas tus vidas anteriores en la Tierra. Los Sabios y otras almas en tu grupo de almas siempre estarán disponibles para responder tus preguntas y ofrecer consejos."

"Parece un proceso bien pensado", repliqué. "¿Por qué me trajiste aquí ahora, ya que aún no he terminado con la encarnación actual?"

"Creo que sería bueno para ti experimentar un adelanto de cómo será tu revisión de vida después de cruzar. En nuestro último viaje te mostré ejemplos de cómo los humanos han abusado de otros humanos, de las otras criaturas en tu planeta, y de la Madre Tierra misma. Ahora quiero que entiendas que a veces tus palabras o acciones pueden ser hirientes sin ninguna intención deliberada de tu parte. He escogido ciertos segmentos de tu vida para demostrar la importancia de ponerte siempre en el lugar de los demás antes de hablar o actuar para que los trates con bondad y compasión en lugar de abusar."

Alberto agitó su mano sobre la esfera holográfica y los tenues remolinos dieron paso a una imagen cristalina de mi pasado— una escena de mi salón de clases cuando estaba en el séptimo grado. Podía verme sentado en mi escritorio escuchando a mi profesor de ciencias y girando un lápiz entre mis dedos. Escaneé la habitación y recordé todas las caras y nombres de mis compañeros de clase, aunque no había visto ninguno de ellos durante bastante tiempo. Luego sonó la campana para el receso, y todos salimos del salón y corrimos afuera hacia el patio soleado de la escuela.

La mayoría de los chicos se dirigieron hacia el campo de balompié para jugar un juego. Cuando comencé a correr lentamente para alcanzar a los otros muchachos, escuché una súplica "espera" detrás de mí. Era mi regordete amigo Adam quien estaba luchando para mantenerse al paso.

"Apresurate, gordiflón", grité en broma. "No tenemos todo el día."

De repente, la escena en la esfera cambió para centrarse en la cara roja e hinchada de Adam. Podía oír sus pensamientos como si los hubiera expresado en voz alta:

Mira, chico, sé que estoy gordo— pero no es mi culpa—lo obtengo de mi papá. Estoy haciendo todo lo posible para mantenerme al paso contigo, pero corres demasiado rápido. No tienes ninguna razón para burlarte de mí. Lastimaste mis sentimientos y me avergonzaste delante de toda la clase, y pensé que eras mi amigo. Ojalá pudiera desaparecer por un agujero en el suelo, para nunca ser visto de nuevo.

Podía sentir sus emociones arremolinándose alrededor de su cabeza. Era una mezcla de vergüenza, rechazo y desesperanza. El dolor que Adam sintió me envolvió como una ola de náuseas, y me sentí enfermo del estómago.

Luego terminó, y la esfera volvió a su patrón de remolinos. Miré a Alberto con consternación.

"No tenía idea de que mi comentario improvisado a Adam tuvo un efecto tan devastador en él. No tenía la intención de ofenderlo. Solo me estaba burlando de su cuerpo regordete", le expliqué patéticamente a Alberto.

"Ese es el caso frecuentemente contigo y los demás humanos. Tiendes a hablar sin pensar en cómo tus palabras podrían afectar a los demás. Incluso los 'chistes' inofensivos pueden causar mucha vergüenza e incomodidad a otros. En el ejemplo que acabas de ver, Adam era muy sensible sobre su peso y el hecho de que no era bueno en los deportes. Se sintió traicionado por alguien que pensó que era su amigo. Nunca olvidó ese incidente, y se avergonzaba cada vez después de eso cuando oía la palabra 'gordiflón', aunque no se refirieran a él."

"Me siento terrible. Ojalá pudiera de alguna manera corregirlo."

"Lo que sucedió ese día hace mucho tiempo es historia", señaló Alberto. "Es agua debajo del puente, y no puedes cambiarlo. Dado que Adam murió de un ataque al corazón a finales de la década del 1990, no podrás enmendar las cosas con él cuando vuelvas a la Tierra. Lo único que puedes hacer es darle un gran abrazo cuando un día cruces al lado del espíritu."

Este incidente con Adam me recordó los problemas que parecemos tener en estos días con el acoso. En los últimos años, he notado una serie de noticias sobre adolescentes que se suicidan debido al acoso. A menudo es el resultado del acoso cibernético—donde un niño es atormentado en varios sitios de redes sociales. A veces es el tipo anticuado de intimidación a través del abuso verbal y físico en la escuela. Es muy triste oír hablar de estos casos, y me hace preguntarme qué motiva a los niños a atormentar a otros hasta ese punto.

El acoso ha existido durante siglos, mucho antes que el Internet y los sitios de redes sociales. Pero ahora el acoso cibernético ha agregado una nueva dimensión a esta práctica vergonzosa e hiriente; hace que sea conveniente para los acosadores ser abusivos sin estar en una proximidad física a su víctima. Esto permite que las burlas se vuelvan algo despersonalizadas y más fáciles para los perpetradores llevar a cabo desde la comodidad de sus propios hogares.

Aunque el acoso puede ocurrir en cualquier grupo de edad, parece ser más frecuente entre los adolescentes. Esto es probable porque los adultos han madurado lo suficiente como para entender el daño que puede causar, junto con el hecho de que el perjudicado será capaz de enfrentarse al abusador y defenderse.

La aceptación entre compañeros es muy importante para un adolescente y la falta de la misma a veces puede ser abrumadora, a menudo hasta el punto de pensamientos suicidas. Muy a menudo los padres de la víctima no son conscientes de lo que está sucediendo porque su hijo es reacio a compartir la situación, o no toman medidas para ayudar a su hijo adolescente porque no le dan importancia a la gravedad del problema.

Cuando era adolescente, fui testigo de acoso físico en la escuela— típicamente un niño más grande abusando de uno más pequeño. A menudo había acoso verbal con bromas excesivas y sobrenombres. A veces el acoso era en la forma de un niño siendo excluido de un círculo de amigos y rechazado, más a menudo con chicas adolescentes. Pero nunca pude entender la motivación del acoso. ¿Era porque los abusadores eran personas realmente mezquinas que tenían la intención de ser crueles, o era el caso de que los acosadores no entendieran completamente el efecto de sus acciones en sus víctimas?

Cuando le planteé el problema a Alberto, reflexionó con esta sabia observación: "El acoso ha sido un problema milenario con los humanos en tu planeta. Puede ser en la forma de niños intimidando a otros niños, o adultos intimidando a otros adultos en el trabajo, o incluso una nación intimidando a otra nación. Su causa principal generalmente proviene del miedo o la ira, y a menudo tiene un resultado negativo—ya que alguien que es acosado se inclinará a acosar a otra persona como una manera de equilibrarse y desahogar sus frustraciones."

"La razón por la que el acoso es más frecuente entre los adolescentes es que se han desarrollado más allá de los años inocentes de la infancia cuando están empezando a pensar como adultos, pero todavía no tienen la sabiduría y la madurez para manejar sus interacciones diarias de una manera reflexiva. Los adolescentes también reciben mensajes de sus almas y guías espirituales, aunque a menudo no reconocen y aceptan esta guía, y dejan que sus emociones negativas gobiernen sus vidas. No tienen una empatía completamente desarrollada hacia otras personas, y por lo tanto rara vez se detienen a considerar cómo sus palabras y acciones pueden afectar a otros adolescentes."

"Al igual que los niños más pequeños, los adolescentes copiarán lo que ven en los adultos. Si los padres a menudo reaccionan a las personas y eventos de una manera negativa, sus adolescentes pueden emular estas respuestas cuando interactúan con otros adolescentes. Esto es especialmente cierto si los padres tienen el hábito de intimidar a sus propios hijos."

"La mejor manera de detener el abuso comienza en casa. Los padres deben esforzarse por evitar respuestas negativas a los eventos y demostrar a sus hijos que es importante mostrar amor, compasión y perdón a todas las demás personas. A los niños se les debe enseñar a una edad temprana que todos los humanos tienen almas y que todas las almas están conectadas con la Fuente y entre sí. Se les debe animar a escuchar los mensajes de sus guías y no permitir que sus emociones negativas dominen el día."

"Ha sido una larga batalla cuesta arriba para los humanos acabar con el acoso, y ahora el problema ha aumentado en gran medida con el advenimiento de las redes sociales. La buena noticia, sin embargo, es que los gobiernos y las escuelas de varios de los países desarrollados han reconocido el problema y están buscando activamente formas de combatir el acoso escolar. Cada paso en la dirección correcta debe ser apoyado y aplaudido por todos los seres humanos."

Deseé en silencio que todos los abusadores del mundo, y sus padres, hubieran podido escuchar a Alberto. Excepto que sabía que esto no iba a suceder, así que me recosté en mi silla y esperé el próximo movimiento de Alberto.

"Permíteme mostrarte otro ejemplo de cómo lastimaste a alguien que apreciabas porque estabas demasiado envuelto en tu propio pequeño mundo", continuó Alberto. Me estremecí mientras Alberto movió su mano sobre la esfera y los remolinos azules y blancos desaparecieron, dando paso a otra escena de mi pasado."

Reconocí que era Calgary, la ciudad donde trabajé como abogado durante la mayor parte de mi vida. Entonces vi algo muy familiar—era la casa en la que vivíamos antes de que me retirara de la firma de abogados. La foto se centró en nuestra habitación familiar, que fue exactamente como la recordé durante los muchos años que vivimos en esa casa. Juzgué por la luz que era a última hora de la tarde, y no había nadie alrededor excepto nuestro perrito Oscar (un Schnauzer miniatura), que dormía en su cama junto a las puertas corredizas de cristal que conducían a nuestro patio trasero.

"¿Por qué me estás mostrando esto?", le dije a Alberto.

"Quiero mostrarte que todos los animales en la Tierra tienen sentimientos y emociones, al igual que las ballenas. Para darte una mejor perspectiva de lo que sucedió este día, voy a permitirte escuchar y sentir los pensamientos y sentimientos de Oscar."

Entonces oí el ruido familiar de la apertura de la puerta del garaje, y pude oír los pensamientos de Oscar mientras corría ansiosamente por el pasillo que conducía al garaje.

Ese debe ser el hombre alfa, pensó. *Ha estado fuera todo el día y no puedo esperar a verlo.*

La pequeña cola de Oscar se movió furiosamente mientras esperaba en el pasillo. Entonces la puerta se abrió y entré desde el garaje, vistiendo un traje de rayas azul marino y cansado después de un largo día de trabajo.

Oye, amigo mío, estoy muy feliz de verte. ¿Qué tal unas palmaditas?

Colgué mi abrigo en el armario y pasé junto a Oscar sin hacerle caso de ninguna manera. Podía sentir el dolor y la angustia que sintió Oscar al pasar junto a él sin tan siquiera un simple saludo.

¡Oh no! ¿Qué he hecho ahora? He estado esperando todo el día para que vuelvas y ahora me ignoras. ¿Hice algo mal? ¿Te ofendí de alguna manera? Sea lo que sea que hice, prometo no hacerlo de nuevo. Por favor, por favor, vuelve y acaricia mi cabeza suavemente así sabré que todavía me amas. Eres la persona más importante en mi vida— y necesito sentir tu amor.

Si los perros pudieran llorar, las lágrimas habrían rodado por las mejillas de Oscar. En su lugar, volvió lentamente a su cama y apoyó su cabeza sobre sus patas cruzadas, totalmente abatido.

Estaba triste y avergonzado por mi hiriente desprecio hacia Oscar. No recordé ese incidente en particular, pero debo haber tenido un mal día en la oficina. Sin embargo, eso no fue excusa para la forma en que ignoré a mi perrito. No merecía ser tratado de esa manera.

Miré a Alberto y traté de transmitir mi consternación: "Me sentí mal por lo que le hice a Oscar ese día. No tenía idea de que los perros pudieran sentir rechazo y tristeza, o que un simple saludo significaba tanto para Oscar. Desearía poderlo hacer de nuevo."

"No te mostré esto para hacerte sentir mal. Quería que entendieras que los animales son en realidad más inteligentes de lo que piensas. Tienen emociones y sentimientos no diferentes a los humanos, y merecen ser tratados con respeto. Como escuchaste en Proteus, los humanos son extremadamente arrogantes y egocéntricos, y mucha gente cree que los animales fueron puestos en tu planeta para el placer de los humanos. Demasiados humanos piensan que matar y abusar de otras criaturas es aceptable porque son solo animales tontos que realmente no importan."

"Los humanos necesitan entender que los animales también tienen almas que regresarán al lado del espíritu cuando sus cuerpos físicos mueran. Ellos están teniendo un viaje en la Tierra para aprender y experimentar cosas, al igual que ustedes. De hecho, ustedes han tenido varias encarnaciones animales antes de comenzar sus vidas humanas, lo cual no es inusual para las almas que vienen a la Tierra. No recuerdas ninguna de estas vidas mientras estás aquí, pero las recordarás una vez regreses al lado del espíritu."

"Esta no fue una escena fácil para mí revivir, Alberto. Pero ahora tengo una mejor comprensión de la vida animal en este planeta, y voy a ver las cosas de manera diferente a partir de este punto en adelante."

"Déjame animarte", ofreció Alberto. "Has cometido numerosos errores hasta ahora en tu vida, pero también hiciste algunas buenas acciones, incluso si no recuerdas ninguna de ellas."

Con otro movimiento de su mano la esfera holográfica ahora mostraba una escena de mis días como abogado. Podía verme sentado en mi oficina leyendo correos electrónicos en mi computadora. Luego hubo un suave golpe en la puerta y un joven abogado asociado, Trevor, entró cautelosamente y se sentó en una de las sillas frente a mi escritorio. Su rostro estaba pálido, y sus ojos demostraban miedo. Cuando le pregunté si podía ayudarlo, me dijo que se había equivocado. Explicó que no había presentado un documento a la Bolsa de Valores antes de la fecha límite, lo que podría retrasar la finalización de la financiación de nuestro cliente. Se disculpó profusamente y luego se sentó en silencio, con una mirada de terror en su rostro. Yo estaba molesto por el incumplimiento de la fecha límite, pero no era el fin del mundo. Los errores ocurren, y recordé que yo había cometido muchos durante mi carrera.

Me senté en silencio durante unos segundos antes de hablar. "No te preocupes. Todos cometen errores de vez en cuando. Podemos arreglar esto con la Bolsa de Valores mañana y esperamos que esto no afecte negativamente a nuestro cliente. Deberías aprender de este error para que puedas progresar. Ve a casa y descansa un poco, y podemos reunirnos mañana temprano para llamar a la Bolsa de Valores."

La escena en la esfera cambió para centrarse en la cara de Trevor, y pude escuchar sus pensamientos y sentir sus emociones: *¡Está bien! Qué alivio. Oh, gracias, Dios, por ayudarme. Estaba preocupado por esto. Y gracias, Garnet, por ser tan comprensivo. Nunca volveré a cometer este error, y siempre recordaré este día si alguna vez tengo ocasión de lidiar con una situación similar cuando sea socio.*

Recordé ese día mientras veía la repetición, aunque no tenía idea de que Trevor estaba tan angustiado por su error. Le agradecí a mis estrellas de la manera que había manejado la situación. Nadie merece sentirse tan mal por un simple error. Después de todo, cometer errores es de esperar ya que nadie es perfecto. La prueba crucial que todos enfrentamos es cómo reaccionamos ante nuestros errores y los errores cometidos por otros.

Me sentí aliviado cuando Alberto hizo un gesto para que dejáramos la habitación para que no tuviera que enfrentar más escenas angustiantes de mi pasado. Me dijo que no era su intención acosarme con errores de mi pasado; solo quería demostrar lo fácil que era para los humanos decir y hacer cosas todos los días sin considerar su efecto en los demás.

Salimos del Salón de los Registros, descendimos hacia la Tierra, y de vuelta a mi dormitorio. Me despedí de Alberto antes de que me integrara de nuevo en mi cuerpo dormido. A la mañana siguiente caminé afuera, miré hacia el cielo, y en silencio pronuncié una disculpa: *Lo siento, Adam y Oscar, por todo el daño que les causé. Por favor, perdónenme.* Sentí que ambos estaban escuchando mi invocación con sonrisas en sus rostros, y supe que todo estaba bien.

Después del adelanto de mi revisión de vida las cosas nunca fueron exactamente lo mismo. La intensidad de los sentimientos que había sentido de Adam, Oscar y Trevor todavía estaban grabadas en mi memoria. Prometí pensar antes de abrir mi boca y considerar qué emociones podrían suscitar mis palabras en otras personas. Realmente quería evitar causar vergüenza o sentimientos heridos a los demás, y me complació que mi adelanto de la revisión de vida tuviera un efecto positivo en mis interacciones con otras personas.

Incluso la pequeña Abby notó un cambio en mi comportamiento mientras me esforzaba por ser más paciente con ella cuando se detenía a oler cada poste e hidrante en nuestras caminatas diarias y cuando ladraba para salir por enésima vez después de haberme acomodado en mi silla reclinable.

Esto era un inconveniente para mí ya que tenía que pensar por largo rato antes de poner mi boca en acción; me preocupaba que pudiera parecer lento o tonto para otras personas, lo que era especialmente difícil para alguien que siempre se había enorgullecido de ser un hombre hábil en el ingenio rápido y la respuesta verbal rápida. Al final, me consolé con algo que Mark Twain dijo una vez cuando notó que a veces es mejor permanecer en silencio y ser considerado un tonto que abrir la boca y eliminar toda duda. El silencio era definitivamente preferible a balbucear sin sentido.

La vida en la Tierra claramente no es un paseo en el parque, como a Alberto le gustaba recordarme cada vez que me quejaba de mi suerte en la vida. Me decía que fui elegido para ser uno de sus mensajeros para promulgar sus revelaciones a las masas, aunque no recuerdo haber solicitado el trabajo. Pero no podía detenerme ahora porque Alberto había despertado mi curiosidad después de dejar el Salón de los Registros. Había insinuado que volvería pronto para mostrarme algunas cosas sobre la civilización humana en la Tierra que me impactarían profundamente, y apenas podía esperar su próxima visita.

Capítulo 5
Algunas las ganas, otras las pierdes

Cuando Alberto reapareció en mi puerta una vez más, con un brillo extra en sus ojos, no sabía si debía correr y esconderme o seguirlo como un cordero perdido. Alberto resolvió el asunto agarrando mi mano y sacándome de mi cuerpo, mientras lanzaba una sonrisa traviesa.

Tan pronto como llegamos a nuestro punto de encuentro habitual muy por encima de la Tierra, Alberto divulgó su plan para este viaje. "Te he mostrado parte del abuso deliberado que ocurre todos los días en tu planeta, y el daño no intencional que puede resultar cuando la gente no considera cuidadosamente los efectos de sus acciones en otras personas y criaturas. Como escuchaste del Consejo de los Sabios, los seres humanos ahora se están acercando a una encrucijada importante, y deben decidir qué camino tomar. Pueden continuar lastimándose unos a otros, a las otras criaturas en tu planeta, y a la Madre Tierra misma, en cuyo caso pueden sufrir un colapso trágico como otras civilizaciones en su pasado. O, pueden optar por detener la carnicería descartando sus emociones negativas y expandiendo su conciencia, lo que los llevará a una existencia maravillosa en la Nueva Tierra."

"Voy a mostrarte dos civilizaciones del pasado de la Tierra, una que hizo la transición y otra que no la hizo. ¿Qué te gustaría ver primero: las buenas o las malas noticias?"

"Si tienes que mostrarme más malas noticias, entonces déjame tenerlas primero, Alberto."

Alberto asintió con la cabeza y continuó: "En muchos casos, estas sociedades habían hecho grandes avances con la tecnología, y su forma de vida era fácil y libre de preocupaciones materiales. Su caída fue causada por un cierto segmento de la población, generalmente los líderes y científicos, que experimentaron con energías que no entendían completamente y no podían controlar. Estas personas fueron impulsadas por el

48

ego y su deseo por el poder, lo que les hizo tomar riesgos innecesarios. Cuando sus experimentos salieron mal, hubo cambios importantes en el equilibrio de la Tierra, resultando en terremotos y tsunamis. Como consecuencia grandes masas de tierra enteras se hundieron en el océano, matando a la mayoría de la gente y destruyendo toda la tecnología avanzada."

"Siempre hubo unos cuantos sobrevivientes que lograron escapar de la aniquilación, y se vieron obligados a empezar en otro lugar sin su tecnología o el conocimiento para recrearla."

"Los humanos están conscientes de algunas de estas civilizaciones, aunque la mayoría de los historiadores tradicionales todavía niegan su existencia. Las dos más famosas son Atlantis y Lemuria. Algún día, en un futuro no muy lejano, sus arqueólogos descubrirán los restos de estas civilizaciones en el fondo oceánico, y todas las dudas sobre su existencia anterior serán resueltas. Por ahora, es útil para los humanos entender lo que llevó a su caída para que el patrón no se repita."

"Los seres humanos han desarrollado una vez más tecnología avanzada que se ha utilizado, en su mayor parte, para hacer la vida más fácil y más agradable. Pero existe el peligro de que esta tecnología pueda ser mal utilizada en detrimento de todos los seres humanos y criaturas en su planeta. Los humanos tienen la capacidad de destruir toda la vida en la Tierra y hacer de su planeta un terreno estéril. Esto sería una tragedia impensable y algo que hay que evitar a toda costa."

"Permíteme llevarte de vuelta al Salón de los Registros para poder mostrarte una civilización avanzada de hace mucho tiempo que no sobrevivió."

Nos deslizamos en la misma habitación en el Salón de los Registros, y Alberto deslizo su mano sobre el globo holográfico para evocar una nueva escena. Estábamos mirando la Tierra desde arriba, mientras la escena en la esfera se transformaba en una vista cercana de una isla con vegetación tropical extendida sobre el paisaje. El globo terráqueo mostraba los contornos de una ciudad en la distancia, con edificios altos que brillaban a la luz del sol. A medida que nuestra visión cambiaba hacia la ciudad, pude ver las calles llenas de gente ataviadas con vestimentas que parecían togas de la Antigua Roma. Se parecían mucho a los humanos de hoy, excepto que eran más altos y delgados.

Parecían estar felices y despreocupados, ya que la mayoría de ellos sonreían o se reían entre dientes mientras entablaban una conversación animada.

Los edificios fueron construidos con piedras naturales muy pulidas que reflejaban la luz del sol. Las calles estaban pavimentadas con ladrillos de color verde claro que parecían la superficie de una cancha de tenis de barro. La ciudad era hermosa y serena, ya que emanaba una sensación de paz y seguridad.

"Esta es la civilización que existió en una isla en el océano Atlántico Sur conocida como Atzlan. Las personas que vivían aquí estaban saludables y contentas porque su tecnología avanzada proporcionaba a todos los elementos esenciales para una vida feliz. Eran libres de trabajar en proyectos si lo deseaban, o podían pasar su tiempo aprendiendo o disfrutando de actividades recreativas. Habían desarrollado herramientas médicas avanzadas para curar lesiones y prevenir enfermedades, lo que les permitió vivir mucho más tiempo que los humanos en su sociedad."

"Su caída resultó de sus intentos de encontrar una manera de viajar más rápido que la luz para poder explorar el Universo. Sus científicos comenzaron a experimentar con una unidad de deformación que fue diseñada para usar antimateria para crear un agujero de gusano en el continuo espacio-tiempo. A pesar de que no tenían necesidad real de viajar a otros sistemas estelares, su afán de expandir su imperio más allá del sistema solar les hizo desechar la cautela al viento y experimentar con la energía que no entendían completamente."

"Desafortunadamente, cuando trataron de abrir una deformación de espacio, esto desencadenó terremotos masivos y marejadas, y Atzlan se hundió en el fondo del océano, donde los restos de esta civilización ahora están enterrados bajo el cieno."

"Toda su tecnología fue destruida, y los pocos sobrevivientes que habían estado explorando Centroamérica en ese momento tuvieron que empezar de nuevo con herramientas y conocimientos técnicos de la Edad de Piedra."

"No te mostraré el día de la destrucción—lo encontrarías demasiado angustiante. Te traje aquí para mostrarte cómo grandes civilizaciones pueden ser destruidas cuando experimentan con fuerzas que no pueden controlar."

"Ahora déjame animarte y mostrarte que hay esperanza para que tu civilización se mueva hacia una nueva dimensión. No todas las civilizaciones avanzadas en el pasado de la Tierra han sido aniquiladas; algunos de ellos tuvieron éxito aumentando sus niveles vibratorios y ascendiendo a una dimensión más alta. Estas civilizaciones siguen prosperando hoy, y te llevaré a visitar una de ellas", ofreció Alberto.

Alberto explicó que el Universo estaba compuesto por innumerables diferentes dimensiones que ocupan el mismo espacio pero que existen en diferentes frecuencias de vibración. Esto significaba que las formas de vida que viven en una dimensión normalmente no serían capaces de ver o sentir otras formas de vida u objetos en una dimensión diferente.

La Tierra está en el nivel más bajo de vibraciones, con una masa densa, lo que significa que todo se mueve muy lentamente en comparación con las dimensiones superiores. En la Tierra siempre hay una brecha notable entre un pensamiento y su manifestación, que todas las almas encuentran frustrante en comparación con la vida en el lado del espíritu. (Alberto explicó que era como estar de pie con melaza hasta la cintura mientras trataba de hacer una carrera corta de 100 metros.) Los eventos de cámara lenta en la Tierra dan a los humanos la oportunidad de contemplar sus acciones mientras esperan que los eventos se desarrollen. Esta es una herramienta de aprendizaje para las almas encarnadas en la Tierra—una manera para que ellos entiendan mejor las consecuencias de sus acciones de libre albedrío.

Seguí a Alberto fuera del Salón de los Registros, y salimos del lado del espíritu a través del portal de entrada. A la izquierda de la puerta del lado del espíritu noté otro portal, que Alberto describió como un pasadizo interdimensional. Flotamos a través

51

de esta apertura hacia la oscuridad total antes de emerger de nuevo entre las estrellas muy por encima de la Tierra, que Alberto dijo que era mi planeta en una dimensión diferente con una tasa vibratoria más alta. Nos desviamos hacia las Américas y aterrizamos en algún lugar de Centroamérica.

Descendimos en un amplio valle, de exuberante hierba verde, flores coloridas y majestuosos árboles de Sequoia. Había una villa a poca distancia de nosotros, rodeando las orillas de un río ancho y de movimiento lento. El agua del río era cristalina, y podía ver fácilmente las rocas y plantas de agua en el fondo. Nos dirigimos tranquilamente hacia el pueblo, disfrutando del dulce olor de las flores y la cálida luz del sol en nuestros rostros.

Qué lugar tan perfecto para un pasadía, pensé, cuando entramos en las afueras del pequeño pueblo. Los edificios eran todos de uno o dos pisos y pintados en tonos suaves de azul y verde. Las paredes fueron construidas de un material liso, similar a la arcilla, muy parecido a la cerámica. Tenían huellas circulares y techos abovedados, con aberturas en las paredes para ventanas y una puerta.

Las personas en la villa se parecían a los humanos de mi Tierra, y todos eran delgados, en forma y con una salud robusta. Llevaban túnicas simples hasta la rodilla en suaves colores pasteles con sandalias de madera en sus pies. Había niños de todas las edades jugando en las calles, y su risa contagiosa resonaba por toda la villa. Los adultos, que parecían tener veinte o treinta años, mostraban orgullosamente sus bronceados dorados sobre una piel lisa y sin manchas. Sus caras sonrientes y su suave risa sugería una existencia despreocupada y feliz.

"Esta es la Tierra en tu tiempo presente en una dimensión superior, a menudo referida como la Nueva Tierra", explicó Alberto. "Las personas que ves son descendientes de una civilización humana que existió hace mucho tiempo en el pasado de tu Tierra en el área conocida como Centroamérica. Era una civilización avanzada, aunque no tenían tecnología avanzada. En los primeros días de su civilización, lucharon con las dificultades que típicamente encontraban otras civilizaciones humanas. Ellos encarnaron como humanos para experimentar la vida en la Tierra y aprender las lecciones que necesitaban para su evolución como almas. No se les permitió ver a través del velo o recordar de dónde venían, y tenían libre albedrío como los humanos en tu Tierra."

"Estas condiciones generaron todas las emociones negativas que prevalecen en tu sociedad—como el miedo, la ira, el odio y la codicia. Vivían en un clima muy hospitalario con abundancia de vegetación nutritiva fácilmente disponible, lo que significaba que no tenían que luchar entre sí por bienes materiales y no necesitaban consumir carne animal para sobrevivir. Eventualmente, toda esta abundancia natural, junto con el fuerte liderazgo de sus ciudadanos espiritualmente conscientes, redujo los conflictos en su sociedad y permitió a los humanos y animales vivir en armonía pacífica."

"Esta transición a la iluminación fue alimentada por un grupo central que aprendió a comunicarse con el espíritu a través de la meditación. Reconocieron que las emociones negativas de sus conciudadanos podrían eliminarse por completo si todos entendieran quiénes eran, de dónde venían y su propósito de estar en la Tierra. Este grupo inspirador procedió a enseñar a todos los demás los beneficios de vivir sin emociones negativas al abrazar el amor y el respeto por todos los seres humanos y criaturas en el planeta."

"Con el tiempo, su paciente guía y benevolencia ganaron el día, y esta civilización entró en una maravillosa era de paz y armonía para todas las personas en su sociedad, junto con el respeto por todas las otras criaturas y la Madre Tierra misma. Lo hicieron sin desarrollar tecnología avanzada, principalmente porque no tenían necesidad de ella."

"Pero entonces nubes oscuras comenzaron a asomarse en el horizonte; descubrieron que otra civilización humana estaba invadiendo su territorio. Esta otra civilización era primitiva y brutal porque su gente todavía estaba inmersa en emociones negativas, y había muchos conflictos amargos dentro de su sociedad. Habían desarrollado armas crudas pero eficaces que podían matar a personas y destruir edificios, y se inclinaban a usarlas con frecuencia para obtener posesiones materiales o satisfacer su deseo de poder."

"Esta invasión era una gran preocupación para la sociedad idílica, que no tenía deseos ni armas para luchar contra los bárbaros. Tampoco tenían medios de transporte para huir del peligro inminente. Así que a sus líderes espirituales se les ocurrió un plan milagroso para salvar su civilización, un plan extraído de su comunicación con el espíritu. Llegaron a la conclusión de que su mejor ruta de escape era a través de una ascensión masiva de toda su gente a una dimensión superior donde estarían libres de la amenaza—un lugar donde pudieran seguir viviendo en paz."

"Para lograr la ascensión masiva a la nueva dimensión, todos los ciudadanos tendrían que aumentar sus niveles vibratorios a un nivel mucho más alto, y sabían que esto no podría suceder si hubiera emociones negativas que aún persistieran en la población. Afortunadamente para ellos, estas emociones desagradables habían sido eliminadas en su mayoría mucho antes, y todo lo que se necesitaba era una purga final de cualquiera que quedara."

"Con la guía del espíritu, organizaron una reunión de toda su gente en un campo grande junto a su aldea. Los iluminados explicaron su plan a la asamblea y guiaron a todos a una meditación profunda repitiendo un mantra especial. Después de una hora de intensa concentración, uno de los líderes se levantó y dio la orden de 'ascender', con lo cual sus alrededores se volvieron borrosos y oscurecidos, como si estuvieran rodeados por una espesa niebla. Entonces todos se levantaron al unísono, y la niebla se disipó lentamente. Se encontraron de pie en el mismo campo junto a su aldea que parecía igual que antes, excepto que sus vigías informaron que el ejército de filisteos que se acercaba no se veía por ninguna parte. Habían logrado una ascensión masiva a una dimensión superior—a una Nueva Tierra que estaba libre de todas las emociones negativas y libre de todos los humanos guerreros."

"Lo que ves en esta villa son los descendientes de las personas que hicieron la ascensión. En esta dimensión superior, las personas no sufren de lesiones o enfermedades, y han aprendido a detener el proceso de envejecimiento. Típicamente, abandonarán sus cuerpos cuando sus almas quieran regresar al lado del espíritu."

Seguimos por la calle hasta llegar a la plaza del pueblo llena de mesas y sillas, con una fuente en el centro que arrojaba un chorro de agua cristalina alto en el aire. Varias de las mesas estaban llenas de personas que participaban en una conversación animada o simplemente sentados en silencio y disfrutando del sol. La mayoría debían de copas de vidrio transparente que contenían líquidos coloridos que parecían batidos.

Caminamos hasta una mesa ocupada por un hombre y una mujer que sonrieron calurosamente cuando nos acercamos. No parecían sorprendidos por nuestra apariencia e indicaron que nos sentáramos a su mesa.

"Buenos días", comenzó Alberto. "Soy Alberto de más allá del velo. Y, este es mi amigo de la Tierra en una dimensión inferior. Lo traje aquí para que pudiera ver una civilización humana en una dimensión superior."

"Bienvenidos a nuestra villa", sonrió la dama. "Mi nombre es Zeranda, y este es mi compañero Eten. ¿Te gustaría un recorrido por nuestra villa?"

"Eso sería genial", respondió Alberto, mientras nos levantábamos y seguíamos a la pareja hasta el centro de la plaza. Zeranda comenzó agitando su brazo alrededor de la plaza. "Este es nuestro lugar central de reunión, donde nos gusta congregarnos para conversar y compartir. No hay bares ni restaurantes en esta plaza ni en ningún otro lugar de la ciudad, ya que solo consumimos alimentos líquidos desarrollados a partir de las muchas frutas y vegetales que crecen naturalmente en nuestros campos y bosques. Nuestra comida se dispensa de grifos ubicados en cada vivienda, disponible gratuitamente para todos."

"Como resultado, no consumimos proteína animal, y todas las criaturas pueden vivir sus vidas naturalmente sin interferencia de los humanos. Nuestros alimentos son perfectamente nutritivos y equilibrados, y contienen preservativos muy

55

eficaces para prevenir enfermedades, junto con células medicinales que ayudan a regenerar las partes del cuerpo lesionadas. Debido a que hemos aprendido a reducir el proceso de envejecimiento, podemos vivir varios cientos de años."

"Todo lo que necesitamos para una existencia sana y feliz— comida, ropa, refugio, educación, recreación y entretenimiento—es proporcionado gratuitamente por nuestro Consejo de Ciudadanos. No tenemos necesidad de dinero, y no tenemos ningún delito porque no hay razón para robar o dañar a otro ser humano. Esto nos da la libertad de perseguir el conocimiento y la felicidad sin tener que preocuparnos por trabajos o carreras."

"Nuestra gente no está gobernada por emociones negativas, y no vivimos con miedo de no tener suficiente o enfermarnos o lastimarnos. No le tememos a la muerte—ya que sabemos que es solo una transición de regreso al lado del espíritu."

"Sin emociones negativas, somos libres de abrazar el amor al máximo. Tratamos a todos los demás seres humanos y animales con dignidad y respeto. No contaminamos la tierra, el océano, o el aire, y honramos a la Madre Tierra por todos sus dones."

"Estudiamos tu Tierra y su historia en nuestras escuelas, y conocemos las condiciones que existen para los humanos en tu dimensión. Están en un importante punto de transición en su civilización—un tiempo donde más y más humanos estarán expandiendo su conciencia a medida que aumentan sus niveles vibratorios. Lo que ves aquí es un ejemplo de lo que obtendrán después de este cambio. Bienvenidos a la Nueva Tierra."

"Esto parece ser una existencia idílica", me aventuré, "pero ¿no serían sus vidas un poco aburridas? No tienen trabajos o carreras, y no tienen que esforzarse por superar enfermedades o lesiones en sus cuerpos. Entonces, ¿dónde están sus desafíos? ¿Que los mantiene interesados en la vida?"

"Nuestras vidas son realmente muy excitantes y satisfactorias", respondió Eten. "Siempre estamos en la búsqueda del conocimiento porque hay muchas cosas por descubrir en nuestro vasto Universo. Nuestro desafío es aprender tanto como podamos acerca de la vida dondequiera que pueda existir para ayudarnos a elegir nuestra próxima encarnación después de regresar al lado del espíritu. Explorar otros mundos y aprender cosas nuevas es muy gratificante y nos permite crecer y evolucionar como almas."

"¿Se casan y tienen hijos?", pregunté en voz alta.

"No tenemos cónyuges u otros apegos exclusivos", continuó Eten. "Nuestros hijos son concebidos en incubadoras especiales uniendo espermatozoides con óvulos extraídos de donantes voluntarios. Dado que nuestro objetivo es mantener un nivel de población constante, solo reemplazamos a aquellos humanos que han terminado sus encarnaciones. Cuando los bebés han completado su gestación, se les asigna a cuidar a los humanos que les brindan cuidado y atención amorosa en un ambiente de aprendizaje saludable. Ellos son criados en una sociedad colectiva y no tienen padres y hermanos como familias en tu mundo. Preferimos operar como una gran familia donde todos aman y se preocupan por todos los demás en igualdad de condiciones. Nuestros adultos participan en actividades sexuales libre y abiertamente, y nunca hay celos o posesividad."

"Creo que has descrito muy bien tu sociedad, y apenas puedo esperar a hacer la transición yo mismo", respondí. "Espero verte de nuevo pronto."

Le di a ambos un abrazo de despedida, Alberto y yo ascendimos entre las nubes y nos deslizamos de nuevo a través de la puerta dimensional para flotar una vez más sobre mi Tierra.

"Ya tu vez", explicó Alberto, "no todas las civilizaciones humanas altamente evolucionadas han terminado en una catástrofe. Te llevé a la Nueva Tierra para que puedas decirles a todos los demás humanos en tu planeta que hay esperanza de cosas mucho mejores por venir. Todo lo que necesitas hacer es enfocarte en tu objetivo y eventualmente tú también serás capaz de vivir en paz y armonía. La transición es muy alcanzable; ya se ha hecho antes. Pero los humanos en tu Tierra deben primero librarse de todas las cosas negativas que los frenan, y deben hacerlo antes de que pierdan el control de su tecnología y destruyan toda la vida en su planeta."

"Te oigo, Alberto, y sé cuáles son mis órdenes", respondí. "Llévame de vuelta a casa para poder ir a trabajar."

"Antes de irme, tengo buenas noticias que compartir contigo. Tu civilización no será dejada a ciegas por sí sola porque tienen amigos en las altas esferas que han estado ayudando discretamente a los humanos a hacer el cambio—y seguirán haciéndolo todo el tiempo que sea necesario. En mi próxima visita te presentaré algunos de ellos para que puedas comprobarlo por ti mismo."

Asentí mi acuerdo, mientras Alberto me llevaba hacia la Tierra y de vuelta a mi dormitorio antes de desaparecer en el cielo nocturno.

A la mañana siguiente me desperté con un nuevo sentido de esperanza, y decidí hacer mi parte para que esto suceda. Me senté frente a mi computadora y comencé a escribir todo lo que había visto tan rápido como mis pequeños dedos podían escribir, mientras esperaba impaciente a que Alberto regresara, ansioso por conocer a estos misteriosos amigos que nos estaban ayudando a hacer la transición.

Capítulo 6
Amigos en altas esferas

Pasaron varios días antes de que Alberto volviera a aparecer en mi habitación, sonriendo sarcásticamente. Me dijo que planificaba llevarme a algunos de los extraterrestres que Sofía había mencionado cuando nos reunimos con el Consejo de Sabios. Sofía había explicado que varias civilizaciones extraterrestres estaban ayudando a los humanos a hacer la transición, y yo estaba ansioso por aprender más sobre ellos.

"Antes de que me lleves a conocer a los extraterrestres, Alberto, me gustaría un poco de información sobre ellos", comencé. "¿Quiénes son y por qué no pueden usar su tecnología superior para arreglar lo que está mal en la Tierra? ¿Por qué no destruyen todas nuestras armas de destrucción masiva, limpian toda la contaminación y se deshacen de todos los desagradables líderes políticos y religiosos que promueven el conflicto y la violencia? ¿No sería eso mucho más fácil que confiar en los humanos para resolver sus problemas por sí mismos?"

"Todas las formas de vida avanzadas en los planos más densos deben observar la directiva de no interferencia, lo que significa que no pueden interferir directamente con las actividades de otra civilización a menos que sea necesario prevenir la destrucción de un planeta. Pueden ayudar a los seres humanos dándoles orientación sobre cómo vivir pacíficamente sin emociones negativas, y pueden proporcionar conocimientos técnicos cuando sea apropiado. Pero no pueden simplemente agitar una varita mágica para arreglar todo lo que está mal", explicó Alberto.

Y, ¿quién estableció esta regla de no interferencia?, le respondí. "Esta directiva fue establecida por el Consejo Galáctico que supervisa todas las actividades en el plano más denso de tu galaxia," continuó Alberto. "Está diseñado para asegurar que todas las formas de vida tengan la oportunidad de evolucionar en sus propios términos, incluso si eso significa que algunas civilizaciones terminarán haciéndose daño a sí mismas y a otras formas de vida en su planeta."

"Toda la vida en la Tierra, incluyendo a los humanos, fue sembrada inicialmente por extraterrestres bajo la dirección del Consejo Galáctico. Ellos han monitoreado el progreso de la vida en la Tierra desde el principio, aunque nunca supieron con certeza cómo se desarrollaría. Fue parte del gran experimento que el Consejo Galáctico llevó a cabo en todos los planetas que eran capaces de albergar vida."

"A menudo, los extraterrestres han dado ayuda a los humanos con su progreso tecnológico, enseñándoles la cría de animales y técnicas para construir grandes estructuras, así como proporcionando inspiración para inventos que han hecho la vida más fácil y segura para su gente. Los extraterrestres han estado ayudando a los humanos desde que la primera persona caminó en tu planeta, pero no pueden resolver todos los problemas que los humanos han creado ellos mismos."

"Los extraterrestres que han observado y visitado la Tierra a lo largo de los años vinieron de muchos planetas diferentes en el Universo, y sus civilizaciones eran muy diversas. Ven conmigo y te llevaré a uno de sus planetas para que lo veas por ti mismo."

Alberto apretó suavemente mi brazo y señaló hacia Sagitario. Una vez más todas las estrellas desaparecieron, dejando nada más que la oscuridad profunda del espacio. Después de unos segundos, las estrellas reaparecieron, y vi que estábamos flotando cerca de una esfera brillante que se parecía a nuestro Sol, excepto que era de un color rojo apagado. Noté varios planetas dando vueltas a esta estrella mientras nos deslizábamos hacia la más grande.

A medida que nos acercábamos, podía ver los colores que dominaban este planeta—azul marino, índigo y púrpura. Continuamos nuestro descenso y aterrizamos en su superficie de gravilla. El cielo era de color rosa claro, con su sol rojo que parecía ser aproximadamente tres veces el tamaño de nuestro sol cuando se ve desde la Tierra. No había plantas ni vegetación a la vista, solo colinas suavemente onduladas que se extendían hasta donde el ojo podía ver.

Seguí a Alberto hacia una pequeña estructura rectangular armonizando con la superficie. La pequeña choza no tenía ventanas ni otras marcas, solo una puerta en medio de la pared que daba a nosotros. Entramos en esta estructura y caminamos hacia una gran abertura circular en el suelo que conducía a un túnel vertical debajo de la superficie. Alberto agarró mi mano mientras entrábamos en el túnel y lentamente descendimos flotando como plumas que caían del cielo.

Descendimos durante varios minutos antes de emerger en una inmensa caverna subterránea que albergaba un grupo de edificios. Las estructuras de color amarillo pálido, que emanaban luz blanca suave de sus paredes, eran rectangulares con techos planos o circulares y rematadas con cúpulas, con aberturas redondas para ventanas y puertas. Las calles estaban pavimentadas con ladrillos lisos que emanaban un suave resplandor verde.

Me quedé allí parado, disfrutando del espectáculo. Caminamos por la calle principal hacia un grupo de criaturas paradas frente a uno de los edificios más grandes. No eran humanoides, pero parecían similares a las arañas con ojos negros penetrantes sobre una cabeza bulbosa que tenía dos pequeñas antenas en movimiento constante. Eran tan altos como yo y estaban de pie sobre cuatro patas, con dos apéndices más que funcionaban como brazos. Sus cuerpos eran negros y brillantes, casi metálicos.

Cuando llegamos a este grupo, Alberto se dirigió a la entidad en el centro: "Saludos, Khepra, te traje un visitante de la Tierra. Lo llevo en un corto recorrido por nuestra galaxia, y pensé que sería bueno para él conocerte."

Khepra respondió con una voz que sonaba muy parecida a una voz humana: "Bienvenidos a nuestro planeta. Sígueme y te mostraré alrededor."

"¿Cuál es el nombre de tu planeta y dónde está ubicado?", pregunté.

"Nuestro planeta se llama Xiron. Orbita una estrella roja gigante cerca del centro de nuestra galaxia", respondió.

"¿Por qué la superficie de tu planeta está desprovista de edificios o vegetación?", pregunté. "Nuestro planeta estaba cubierto de árboles y otra vegetación hace eones cuando nuestra especie vivía en la superficie. Todo esto fue destruido por el calor excesivo y la radiación cuando nuestro sol se convirtió en un gigante rojo. Ahora vivimos exclusivamente en ciudades subterráneas."

Khepra se dio la vuelta y nos llevó a la gran estructura detrás de él. Caminamos hasta una barandilla en el interior y miramos hacia abajo en una habitación circular masiva a unos veinte pies por debajo de nosotros. Había un techo abovedado encima de nosotros que emitía una luz blanca suave. La sala estaba llena de filas sobre filas de monitores circulares horizontales incrustados en el suelo, rodeados de botones e interruptores. Al lado de cada monitor estaban dos de los alienígenas arañas que parecían estar viendo las imágenes en las pantallas.

Khepra explicó que usaron su tecnología avanzada para observar todos los planetas en esta sección de la galaxia, que incluía la Tierra, para determinar cuáles eran capaces de albergar vida. Cuando sus instrumentos detectaron condiciones favorables para la vida, informaron esto al Consejo Galáctico, quien luego enviaría a otros extraterrestres para viajar al planeta para una mirada cercana. Si el planeta pasara esta inspección física, el Consejo Galáctico iniciaría un programa para sembrarlo con vida de otros planetas. Khepra aconsejó que este había sido el primer paso que conducía a la siembra de vida en la Tierra muchos eones atrás.

Nos dieron un recorrido por la sala circular, y Khepra hizo todo lo posible para explicar cómo sus instrumentos podían detectar y analizar las condiciones planetarias a muchos años luz de Xiron. Aunque la mayor parte de lo que dijo era incomprensible para mí, asentí con la cabeza de vez en cuando como si entendiera todo. Pero no creo que haya engañado a Khepra, que fue demasiado educado para exponer mis deficiencias intelectuales.

Cuando terminó la gira, Alberto y yo nos despedimos de Khepra y dejamos la ciudad subterránea. Cuando estábamos muy por encima de Xiron, Alberto señaló hacia nuestro sol y volvimos a nuestro punto de encuentro muy por encima de la Tierra. Antes de que pudiera decir algo, Alberto anunció que nuestra próxima parada sería una nave espacial extraterrestre en una órbita alta sobre la Tierra. Seguí a Alberto mientras flotábamos sin esfuerzo hacia un gran globo de plata en la distancia. A medida que nos acercábamos, pude ver que era una esfera de unos tres pisos de altura con una superficie metálica lisa salpicada por filas de ventanas redondas. Pasamos a través del casco y nos paramos en el borde de una ciudad iluminada brillante, repleta de actividad. Las paredes de la habitación estaban revestidas con monitores rectangulares que parecían grandes pantallas de computadora.

Dispersos por toda la habitación había varias docenas de seres humanoides que estaban ocupados escribiendo en el teclado debajo de los monitores. Eran de unos cinco pies de altura, con piel gris sin cabello, y brazos y piernas similares a los humanos. Sus cabezas redondas tenían grandes ojos oblongos, con pequeñas hendiduras verticales donde se esperaba una nariz y una hendidura horizontal para una boca. No parecían notarnos mientras se dedicaban a su trabajo.

"Estos extraterrestres son del planeta Nibiru que está a cientos de años luz de la Tierra", explicó Alberto, "y este es uno de los vehículos que utilizan para viajar a la Tierra. Esta nave espacial es capaz de viajar más rápido que la luz, y su tecnología es muy superior a cualquier otra que se encuentre en la Tierra. Ellos están aquí para observar tu planeta y proporcionar ayuda a tu gente en la medida que sea posible."

Alberto me llevó a una consola circular en el centro de la habitación. De pie frente a la consola había un extraterrestre que parecía estar a cargo de las actividades en esta sala. Alberto sonrió a este extraterrestre y dijo: "Saludos, Rama, traje un humano en forma astral para visitar tu nave y aprender acerca de tu especie y su historia con la Tierra."

"Saludos a ti, Alberto, y a tu compañero de la Tierra. Como sabes, nuestra especie ha estado visitando la Tierra durante miles de años, incluso antes de que tuviera vida. El Consejo Galáctico nos envió inicialmente para confirmar que la Tierra era adecuada para la vida. Cuando les confirmamos afirmativamente, el Concilio contó con nuestra ayuda para comenzar el largo proceso de sembrar vida en la Tierra. Comenzamos con formas de vida primitivas de otros planetas de la galaxia, seguidas por formas de vida más y más avanzadas. Eventualmente, sembramos el planeta con humanos."

"Nuestro mandato era ayudar con la evolución y el desarrollo de todas las formas de vida en la Tierra, excepto que no se nos permitió interferir directamente con los eventos en el planeta. Nuestra asistencia fue mucho más sutil; podíamos enseñar a los humanos nuevas técnicas para ayudarles a avanzar y podíamos usar nuestra tecnología aquí y allá para mejorar su forma de vida. En su mayor parte, sin embargo, éramos observadores pasivos."

"Debido a la directiva de no interferencia, nos vimos obligados a mantenernos al margen y ver muchas de sus civilizaciones altamente evolucionadas, como la Atlántida y Lemuria, elevarse a sus días de gloria antes de colapsar. Trágicamente, estas civilizaciones perdieron de vista sus valores fundamentales y sucumbieron a sus emociones negativas. Dejaron que el lado oscuro de la humanidad triunfara sobre el amor, y pagaron el precio. Cada vez que esto sucedía, los humanos que sobrevivieron a la destrucción tenían que empezar de nuevo. Fue difícil para nosotros ver estos eventos, aunque siempre teníamos la esperanza de que el experimento humano en la Tierra finalmente funcionara."

"Ahora los humanos han alcanzado una vez más una etapa avanzada de desarrollo, un nivel que pueden usar como plataforma de lanzamiento para elevar sus vibraciones y alcanzar un nivel más alto de conciencia. Hemos visto mucho progreso en este sentido en las últimas décadas a medida que más y más humanos están rechazando el lado oscuro a favor de la iluminación. Pero no todos los humanos están en el mismo lugar, y el progreso en este frente parece excesivamente lento a veces."

"La principal preocupación que tenemos es que los seres humanos han desarrollado tecnología que es capaz de destruir toda la vida en la Tierra. Las bombas nucleares, las armas químicas y biológicas, y otras armas de destrucción masiva son productos del lado oscuro de la humanidad—el lado que fomenta el miedo, la ira, el odio y la codicia."

"Tenemos la capacidad de destruir todas sus armas, pero no se nos permite hacerlo. El cambio a la iluminación debe ser hecho por los propios humanos, con un poco de ayuda de sus amigos. Desde que los humanos dividieron el átomo por primera vez durante la Segunda Guerra Mundial, la Tierra ha atraído la atención de muchas otras razas extraterrestre que ahora están observando las actividades en la Tierra. Ellos tampoco pueden interferir directamente con los eventos en la Tierra, aunque también están trabajando silenciosamente detrás de escena para ayudar a los humanos. Todas las especies extraterrestre han trabajado estrechamente con el Consejo de Sabios que han estado coordinando todas las actividades para animar a los humanos a descartar la oscuridad y abrazar la luz. El ritmo y la intensidad de estos esfuerzos han aumentado notablemente en los últimos años."

"Estamos en medio de un esfuerzo concertado con la humanidad porque el tiempo de acción está sobre nosotros. Estamos decididos a utilizar todos los esfuerzos que podamos reunir para asegurar que su civilización no se destruya a sí misma, pero necesitamos toda la ayuda que podamos obtener."

"Monitoreamos cuidadosamente toda la actividad en tu planeta para detectar situaciones que podrían conducir a disputas o conflictos que tienen el potencial de escalar fuera de control. En estos casos, nuestro objetivo es reducir las hostilidades con un programa de intensos pensamientos telepáticos transmitidos a aquellos humanos que son capaces de calmar la discordia y propagar la paz. Esto no siempre ha funcionado en el pasado, pero continuamos mejorando nuestras técnicas para dirigirnos a las personas adecuadas con nuestra súplica de descartar el miedo y la ira, y abrazar el amor y la compasión."

"Ahora mismo, como en el pasado, con el uso de nuestra tecnología avanzada, algunos miembros de nuestra raza están viviendo en la Tierra disfrazados de humanos. Es probable que te hayas encontrado con estos seudo humanos muchas veces en el pasado sin ser consciente de sus verdaderas identidades. Su misión es ejercer una influencia positiva en los humanos a su alrededor a través de sus palabras y acciones para que más y más humanos eviten la oscuridad y den la bienvenida a la luz."

"Además, hemos reclutado a algunos de sus miembros, directamente o por telepatía, para comunicar nuestro mensaje de esperanza a otros seres humanos a través de contactos interpersonales y amplia diseminación a través de varios canales de difusión. Es por eso que Alberto te trajo aquí. Queremos que comuniques nuestras aspiraciones para la humanidad como parte de nuestro plan maestro. Eres solo un pequeño engranaje en una rueda muy grande— pero todo ayuda."

Me gustaría que pudieras interferir directamente, pero entiendo las reglas que debes seguir, lamenté. "Supongo que los humanos tendrán que arreglárselas para abrirse camino a través de esto de la manera más difícil."

Me despedí de Rama mientras Alberto y yo salíamos de la nave para flotar a nuestro punto de encuentro habitual muy por encima de la Tierra.

"Por lo que he visto hasta ahora, Alberto, todavía necesitamos mucha ayuda en nuestro camino hacia la iluminación. ¿Puedes decirme más acerca de cómo los extraterrestres han estado ayudando a los humanos? ¿Está funcionando según el plan?"

"En primer lugar, los extraterrestres han proporcionado a los humanos información y técnicas en puntos cruciales en su desarrollo. Los extraterrestres esperaban hacer la vida más fácil para los humanos para que la gente no necesitara dedicar todo su tiempo a encontrar comida y refugio para sus familias. Sabían que sería difícil para los humanos expandir su conciencia si tuvieran que luchar todos los días solo para sobrevivir. Los humanos hambrientos no pueden sentarse en silencio para escuchar al espíritu, ya que su enfoque primordial es encontrar comida para aliviar su hambre."

"Así que de vez en cuando a través de su historia, los extraterrestres han ayudado a los humanos a encontrar nuevas formas de elevar su nivel de vida. Enseñaron a los humanos cómo cultivar sus propios alimentos, convertirse en mejores cazadores y recolectores, y hacer mejores herramientas y armas de caza. Con la guía de los extraterrestres, los humanos aprendieron a organizar sus sociedades para que los individuos pudieran especializarse en un oficio o profesión, e intercambiar con otros humanos por alimentos y artículos esenciales. Cientos de sus inventos notables, como la imprenta, los microscopios, la penicilina, las luces eléctricas y los teléfonos, por nombrar algunos, fueron inspirados por sus benefactores de otro mundo."

"Históricamente, la mayor parte de esta asistencia ha sido muy sutil. Muy a menudo, como mencionó Rama, estos alienígenas se disfrazaban de humanos para poder estar de servicio sin llamar la atención. A menudo enviaban mensajes telepáticos a personas dotadas para inspirar el desarrollo de inventos innovadores que impulsaron su tecnología al siguiente nivel. Ocasionalmente aterrizaron en sus naves espaciales y usaron su tecnología superior para mover grandes piedras para construir pirámides y otras estructuras masivas. Varios de estos encuentros han sido descritos en sus libros sagrados como milagros realizados por ángeles."

"Desafortunadamente, parte de la ayuda que los humanos obtuvieron de los extraterrestres fue utilizada para el propósito equivocado—permitir que unos pocos hombres subyuguen y maten a otros humanos para satisfacer su sed de dinero y poder. Dado que a los extraterrestres no se les permitió intervenir directamente, solo podían quedarse al margen y ver el derramamiento de sangre con consternación. Todavía tienen grandes esperanzas, sin embargo, de que los humanos eventualmente darán el salto cuántico hasta el siguiente nivel."

"Por favor, háblame de la nave espacial que acabamos de dejar, Alberto. ¿Son estas naves vistas alguna vez por humanos? ¿Son los ovnis sobre los que leemos en revistas y libros?"

"A veces son visibles para los humanos, pero solo cuando los extraterrestres lo eligen", respondió Alberto. "Pueden usar dispositivos de camuflaje para hacer su nave invisible para el radar y el ojo humano. A veces eligen ser visibles a la gente en tu planeta, ya que es su manera de hacerles conscientes suavemente de su presencia antes de que entren en contacto pleno y abierto con todos."

"¿Qué pasa con las personas que dicen haber sido abducidas y llevadas a bordo de naves extraterrestres? ¿Son estas abducciones reales y los extraterrestres han sido responsables?", pregunté. "Las así llamadas abducciones han sido llevadas a cabo por visitantes alienígenas durante siglos. No hay nada malévolo en estos eventos—todos ellos ocurren sin ningún daño a los abducidos y solo con el propósito de estudiar la anatomía humana e implantar dispositivos de comunicación. Su intención es solo ayudar a estas personas a llevar a cabo su propósito de vida para el beneficio de todos los seres humanos. Si los extraterrestres quisieran dañar a los humanos, podrían haberlos aniquilado hace mucho tiempo. Tienes que confiar en que tienen intenciones benévolas y están procediendo con su propia agenda. Algún día en un futuro no muy lejano se revelarán a todos en la Tierra, pero hasta entonces continuarán operando discretamente", respondió Alberto pacientemente.

"¿Por qué no han hecho contacto abierto con todos los humanos? Seguramente esto inspiraría a la gente a ver la luz y cambiar sus caminos", añadí.

"Los extraterrestres están siguiendo instrucciones del Consejo Galáctico, que creen que el contacto abierto con los humanos no sería una buena idea en este momento. El Consejo está preocupado de que la mayoría de los seres humanos aún no están listos para aceptar que la Tierra ha sido visitada por civilizaciones alienígenas con tecnología superior, y el conocimiento de esto podría conducir a la ansiedad, la disrupción social, e incluso el pánico. Algunos humanos podrían pensar que sus gobiernos eran débiles e ineficaces en comparación, lo que generaría desprecio y falta de respeto por la autoridad secular. El Consejo está monitoreando cuidadosamente la situación, y permitirán el contacto abierto cuando piensen que los seres humanos son capaces de manejarla con gracia."

"Todos los humanos deberían estar agradecidos por la ayuda que hemos recibido de los extraterrestres, y ciertamente espero que continúe, incluso si es sutil y discreto", observé. "Pero, ¿qué hay de las almas buenas en el lado del espíritu? ¿Cómo nos están ayudando?"

"Como Sofía mencionó, el Consejo de Sabios ha estado activo de varias maneras", respondió Alberto. "Ha estado reclutando activamente almas altamente evolucionadas de todo el Universo para encarnar en la Tierra para ayudar a los humanos a hacer el cambio antes de que se autodestruyan. Algunas de estas almas son Maestros que han encarnado en la Tierra para animar a los humanos a abrazar el amor y la iluminación espiritual. A menudo estas almas avanzadas no recuerdan de dónde vinieron ni nada sobre las misiones que emprendieron, aunque sin embargo están ayudando a su causa al establecer buenos ejemplos para que otros humanos los sigan."

"En las últimas décadas, el Consejo ha ido aumentando el ritmo de sus mensajes enviados a la Tierra, con la esperanza de que estos mensajes sean entendidos y aceptados por aquellos humanos que han sido seleccionados para difundir la palabra. Su guía ha sido enviada a través de muchos canales diferentes en todo el mundo, incluyendo psíquicos y médiums, a medida que más y más humanos están reconociendo sus habilidades psíquicas y usando este talento para ayudar a otros a conectarse con el espíritu. En los últimos años ha habido un aumento notable en el número de personas que han reportado viajes fuera del cuerpo al lado del espíritu cuando fueron considerados clínicamente muertos. Las experiencias cercanas a la muerte siempre han sido parte de la vida humana, aunque históricamente la mayoría de las personas se han mostrado reacias a hablar de sus experiencias por miedo a ser ridiculizadas. Ahora más personas están dispuestas a discutir abiertamente sus viajes fuera del cuerpo como una manera de proporcionar consuelo y esperanza a los demás. A estas personas se les permite retener los recuerdos de sus viajes astrales para que puedan cambiar sus vidas para mejor y ayudar a otros a hacer lo mismo."

"En unos pocos casos, como mi comunicación directa con contigo, el Consejo ha escogido a los humanos en la Tierra para promulgar sus mensajes a través de libros, conferencias, publicaciones en Internet y reuniones espirituales, lo cual tiene la intención de asegurar que todos tengan la oportunidad de entender lo que deben hacer para mejorar su iluminación espiritual."

"Gracias, Alberto, por llevarme a ver Xiron y las naves espaciales extraterrestres y por tus ideas sobre las contribuciones que los extraterrestres han hecho en nuestro desarrollo. Es bueno saber que tenemos amigos en las altas esferas."

Alberto señaló que era hora de que regresara a casa. Así que lo seguí a través de las nubes hacia mi casa y de vuelta a mi habitación, donde mi cuerpo todavía estaba en la cama, acurrucado bajo las sábanas en un sueño tranquilo. Pero antes de que me deslizara de nuevo en el mundo físico, Alberto me prometió que volvería pronto para responder a todas mis preguntas mientras continuábamos nuestra intrépida exploración de la verdad.

Capítulo 7
Tomando el siguiente paso

Mi vida empezaba a parecer un poco aburrida después de todas las aventuras que tuve con Alberto. Escribir un libro no era tan emocionante como viajar por el Universo. Desearía que Alberto pudiera escribirlo por mí—sería mucho más fácil. Y, sería maravilloso si pudiera explorar el cosmos con Alberto y olvidarme de todos los problemas en la Tierra. Después de todo, los seres humanos se habían metido en esta situación, y no tenían a nadie más a quien culpar. Pero naturalmente tengo un lugar especial en mi corazón por los humanos a pesar de sus faltas. Toda mi familia y amigos son humanos, y quiero que mis nietos crezcan en un lugar mejor—un planeta donde todos los humanos y criaturas conviven en paz y armonía sin abusar de la Madre Tierra.

Pero la ilusión de pensarlo no nos iba a llevar allí. Pasar demasiado tiempo contemplando el futuro era tan inútil como vivir en el pasado. Así que hice lo que Alberto esperaba de mí y continué la tediosa tarea de escribir sobre lo que había visto hasta ahora en mis viajes astrales. Afortunadamente, todo lo que había visto con Alberto estaba vívidamente grabado en mi memoria, más que cualquier otra cosa que pudiera recordar de mi pasado.

Mientras reflexionaba sobre mis escapadas nocturnas con Alberto, me preguntaba sobre el siguiente paso para los humanos. Aunque habíamos avanzado mucho en las últimas décadas, todavía había demasiada contaminación, demasiados abusos de otras criaturas y demasiados seres humanos sufriendo malos tratos y descuido. Todavía tenemos un exceso de miedo, ira y codicia, y no suficiente amor. Los seres humanos deben ser mejores para compartir nuestros recursos y encontrar formas de frenar la delincuencia y los conflictos violentos. Debemos aprender a aceptar a todos los demás seres humanos sin importar su nacionalidad, religión o color de piel.

Después de varios días sin incidentes luego de mi visita a la nave espacial extraterrestre, anhelé el regreso de Alberto y la oportunidad de otra aventura fuera del cuerpo. Empecé a pensar que se había ido de vacaciones, aunque sospechaba que toda su vida era una gran vacación. Definitivamente sería un buen trabajo si lo puedes conseguir.

Alberto finalmente hizo su aparición una vez más en la oscuridad de la noche con sus ojos brillantes y su amplia sonrisa. Estaba ansioso por ver lo que tenía reservado para mí, así que rápidamente me deslicé fuera de mi cuerpo dormido y lo seguí en la oscuridad de la noche hasta que nos detuvimos en el punto de reunión habitual, muy por encima de la Tierra.

Antes de que Alberto pudiera hablar, desahogué mis frustraciones y preocupaciones sobre los terribles eventos de la civilización humana en mi planeta. Cuando terminé mi perorata, Alberto hizo todo lo posible para animarme.

"Aunque la imagen que pintas parece muy sombría, debes recordar que la civilización humana en esta ocasión ha dado un salto cuántico del miedo, la desesperación y la depravación de la Edad Media. En los últimos cincuenta años se han logrado avances significativos en el mundo desarrollado en lo que respecta a los derechos humanos, el reparto de la riqueza y los recursos y la reducción del abuso animal. Al mismo tiempo, ha habido un reconocimiento global de los problemas causados por la contaminación de su medio ambiente, y muchos países han estado trabajando diligentemente para reducir todas las descargas nocivas."

"En las últimas décadas, más y más humanos se han vuelto espiritualmente conscientes de quiénes son y lo que es importante para sus viajes en la Tierra. Muchos han adoptado un estándar de amor, esperanza y perdón en lugar de la culpa y el miedo fomentados por la mayoría de las religiones organizadas. Ha habido una nueva conciencia en algunas personas de que no son entidades separadas, sino que están conectadas entre sí y con todo lo demás en el Universo. Cuando dejan de lado las ilusiones de la separación, desaparece la necesidad de juzgar a otras personas por sus acciones o estatus en la vida, junto con el impulso de temer y desconfiar de aquellas personas que son diferentes de alguna manera."

"Las revelaciones que describiste en tu primer libro son verdades que más y más humanos están listos para aceptar como parte de su desarrollo espiritual. Es posible que ya hayas notado el enorme aumento en el número de personas hoy que están conscientes espiritualmente, en comparación con hace treinta años. Todos estos factores han alentado a muchos humanos a adoptar nuevos paradigmas espirituales que les ayudan a entender el propósito de sus viajes en la Tierra."

"Trata de recordar cómo era hace treinta o cuarenta años y reflexiona sobre el progreso que se ha logrado. Crees que tu primer libro, *Danzando en una estampilla*, ¿habría sido publicado o leído por alguien en los años setenta? Para añadirle a esto, ¿crees que habrías escrito este libro en ese entonces? Lo más probable es que lo hubieras guardado todo para ti mismo por miedo al ridículo de amigos y compañeros de trabajo."

"Como sabes, la humanidad todavía tiene un camino por recorrer antes de que todos los aspectos negativos restantes se hayan extinguido. Sin embargo, no te desesperes, porque la ayuda de tus aliados está en camino. El Consejo Galáctico, el Consejo de Sabios y los extraterrestres continuarán sus esfuerzos para ayudar a todos los humanos a hacer la transición a la iluminación espiritual."

"Todo el mundo puede ayudar a la causa prestando atención a algunos consejos simples: Antes de reaccionar a los acontecimientos de tu vida, tómate un momento para detenerte y reflexionar sobre cómo tus palabras o acciones podrían afectar a las personas que te rodean. Trata de recordar cómo es un alma en el lado del espíritu donde las emociones y acciones negativas no existen, y donde todos aman a todos los demás incondicionalmente. Entonces pregúntate qué tu alma querría que hicieras en cualquier situación. Rechaza la tentación de juzgar a otros o reaccionar con altivez o ira, y deja que tu corazón se llene de amor por todas las personas y criaturas de tu planeta."

"Ofrece tu sonrisa libremente y calurosamente a los demás para que sonrían contigo. Ríete a menudo con los demás, no de ellos. Sé amable con alguien al menos una vez al día, con alegría en tu corazón, y esfuérzate por ayudar a otros a encontrar su camino hacia la conciencia espiritual. Difunde tu mensaje de amor y esperanza dondequiera que vayas y siempre da un buen ejemplo para que otros lo sigan. Entiende que cada pequeño esfuerzo ayuda no importa lo insignificante que pueda parecer. Los seres humanos necesitan calmar sus mentes, escuchar sus guías y vivir sus vidas correspondientemente. Con la ayuda de más y más personas que se unen, estoy seguro de que la humanidad estará a la altura del desafío y pasará al siguiente nivel."

"Gracias Alberto por levantarme el ánimo. Ojalá pudieras presentarte en una transmisión de televisión mundial para decirle a todos los humanos lo que acabas de decirme. Haría que el trabajo de todos fuera mucho más fácil."

"Sabes que no puedo hacer eso. Los seres humanos deben trabajar su camino a través de esto de la manera difícil sin intervención divina. Nadie te dijo que la vida en la Tierra sería fácil, y, sin embargo, aun así, decidiste encarnar en este planeta con pleno conocimiento de los obstáculos que enfrentarías. Tienes que dejar de buscar la salida fácil y seguir adelante con tu trabajo."

"Sabía que ibas a decir eso, pero tenía que intentarlo de todos modos."

"Nunca está de más preguntar. ¿Tienes alguna pregunta más antes de dirigirnos a nuestro próximo destino?"

Asentí con la cabeza y saqué del bolsillo una hoja de papel llena de preguntas escritas a mano. Alberto gruñó un poco y luego se preparó para mi embestida.

Capítulo 8
Perforando el fino velo

"Tengo más preguntas para ti, Alberto, pero me siento como un mosquito en un campamento nudista: Sé lo que tengo que hacer, pero apenas sé por dónde empezar. Me parece que los humanos primero deben poner sus propias casas en orden antes de que puedan esperar animar a otros a hacer lo mismo. Así que me gustaría pedir tu consejo sobre cómo los humanos individualmente pueden expandir su conciencia como el primer paso en la búsqueda de hacer cambios positivos a nuestra civilización."

"Muchas personas que han leído *Danzando en una estampilla* me han dicho que les encantaría comunicarse con sus guías espirituales como yo lo hago contigo, Alberto. Me gustaría ayudarles, aunque no tengo idea de qué decirles. Cuando apareciste por primera vez, yo no sabía quién eras, e iniciaste la conversación sin ningún esfuerzo especial de mi parte. ¿Puedes darme algunos consejos sobre la comunicación espiritual que pueda transmitir a los demás que quieran conectarse con sus guías?"

"La comunicación que hemos tenido fue planificada antes de que nacieras cuando estabas preparando tu plan de vida, a pesar de que no lo recuerdes", respondió Alberto. "No es una forma común de comunicación y no es algo que todos puedan lograr."

"Me estoy comunicando directamente contigo por una razón especial. Nuestro objetivo en el lado del espíritu es difundir mensajes inspiradores a las personas en la Tierra para ayudarles a entender por qué están teniendo un viaje en un cuerpo humano y animarlos a rechazar la culpa y el miedo a favor del amor, la esperanza y el perdón. Soy parte de un esfuerzo mucho más grande del espíritu para animar a los humanos a expandir su conciencia espiritual. Nuestros esfuerzos en este sentido han dado sus frutos; hemos notado que más y más humanos han llegado a entender que son seres espirituales que tienen una encarnación humana. Este conocimiento les ayuda a abrazar su espiritualidad y rechazar reacciones negativas a las experiencias que encuentran durante sus vidas en la Tierra."

"Como mencioné antes, fuiste elegido para ser uno de nuestros mensajeros, y es por eso que hice este contacto directo contigo. Sabíamos que eras capaz de escribir libros sobre nuestras revelaciones, y nuestro objetivo era canalizar la información a través de ti de una manera que pudieras entender fácilmente y transmitir a otros. Has disfrutado de un buen comienzo en esta función; sin embargo, tenemos mucha más información que darte."

"¿Qué pasa con las personas que no han sido contactadas por sus guías?", respondí. "¿Es posible enseñarles cómo comunicarse con las almas del lado del espíritu?"

"El primer paso para una mejor comunicación con tu alma y tus guías es aprender a vivir en el momento presente centrándote en lo que está sucediendo en este momento. Debes librarte de todos los pensamientos innecesarios sobre el pasado—lo que hiciste ayer, la semana pasada o el año pasado—mientras que retienes solo las lecciones que aprendiste de tus experiencias pasadas. Morar en el pasado succiona energía de tu ser y no sirve para ningún propósito útil. Pensar en el pasado a menudo genera emociones negativas—como el arrepentimiento, la culpa y la ira—lo que te impide concentrarte en lo que es realmente importante."

"Contemplar el futuro es una distracción. Si bien es necesario hacer una planificación básica para asegurar una vida ordenada, pasar demasiado tiempo preocupándose por el futuro también drena tu energía y genera otras emociones negativas, como el miedo y la ansiedad."

"Como señalé antes, el pasado y el futuro son anomalías de tu planeta, donde ven el tiempo como una progresión lineal. En el lado del espíritu, el tiempo lineal no existe, y todo lo que ha sucedido en el 'pasado' o que sucederá en el 'futuro' está sucediendo en el momento presente."

"Para vivir en el presente, debes deshacerte de tus pensamientos sobre el pasado y el futuro, que abacoran tu mente todos los días.

No puedes escuchar fácilmente mensajes de tus guías si tu mente está obstruida con pensamientos aleatorios sobre lo que hiciste ayer o lo que te puede suceder la próxima semana. Imagina que estás en una habitación llena de cincuenta personas que están hablando contigo al mismo tiempo. Hay una persona en la parte trasera de la habitación que realmente quieres escuchar, pero tienes una gran dificultad para discernir lo que esta persona está diciendo debido a todo el ruido. Para escuchar a esta persona primero debes despejar a todos los demás de la habitación. Entonces serás capaz de entender el único mensaje que es realmente importante para ti."

"Es más fácil decirlo que hacerlo", respondí. "¿Cómo puedo esperar despejar el desorden de mi mente cuando me he acostumbrado a vivir de esta manera? Este estado mental me parece natural y centrarse en el momento presente no es fácil de lograr."

"Nadie dijo que sería fácil. Se necesita determinación y mucha práctica para ganar esta batalla. Este es uno de los mayores desafíos a los que se enfrentan los humanos, pero el éxito será muy gratificante. Los humanos han desarrollado muchas técnicas diferentes para ayudarles a calmar la mente y vivir en el momento presente, y la mayoría de las cuales dependen de alguna forma de meditación. No hay un camino mágico a seguir para lograr los resultados deseados; el curso correcto de acción es el que mejor funciona para cada persona."

"Toma algunos cursos de meditación, únete a un grupo de meditación o lee libros sobre cómo meditar. Encuentra algo que funcione para ti y luego quédate con él. Entonces debes practicar y practicar hasta alcanzar el estado de paz de unidad con el Universo. Esto te ayudará a escuchar todos los susurros de tu alma y a entender la guía que recibes de más allá del velo."

Aunque estaba de acuerdo con Alberto sobre el uso de la meditación para comunicarse con el espíritu, quería encontrar una alternativa para aquellas personas que encontraban difícil meditar. Me preguntaba si había una manera más fácil para que los humanos se conecten con las almas en el lado del espíritu.

"¿Qué hay de los psíquicos y los médiums, Alberto? ¿Tienen estas personas vínculos especiales de comunicación con las almas en el lado del espíritu? ¿Puedo escuchar de mis guías a través de uno de estos canales?"

"Muchos psíquicos y médiums son capaces de mirar a través del velo y comunicarse con las almas en el lado del espíritu", respondió Alberto. "Pueden canalizar mensajes de tus guías y de tus seres queridos que han cruzado al otro lado. La claridad de estas transmisiones varía mucho, ya que está directamente relacionada con la habilidad y experiencia del psíquico o médium. El contenido de la información canalizada siempre está restringida a detalles de toda la imagen para asegurar que nadie obtenga el plan detallado de la vida que se encuentra por delante de ellos."

"Antes de que me lleves a mi próxima aventura, me gustaría volver a casa para explorar este tipo de comunicación espiritual en mayor profundidad", respondí. Alberto asintió con la cabeza y me llevó de vuelta a mi dormitorio, donde me deslicé silenciosamente de nuevo en mi cuerpo."

A la mañana siguiente decidí reunir más información sobre personas con habilidades psíquicas altamente desarrolladas. Aunque ya había conocido a varios psíquicos y médiums, especialmente después de que se publicara *Danzando en una estampilla*, no conocía a nadie que viviera cerca de mi casa. Así que busqué en Internet psíquicos en mi ciudad y encontré uno que me fue altamente recomendado.

Cassandra era una señora atractiva en sus treinta años con una sonrisa cálida y encantadora. Ella me invitó a sentarme en su estudio mientras introducía una cinta de grabación en su grabadora. Luego comenzó la lectura describiendo mis antecedentes, mi carrera y todas las frustraciones en mi vida. Ella sabía que había sido abogado la mayor parte de mi vida y ahora era escritor, y yo estaba en medio de escribir mi segundo libro. (Nunca nos habíamos conocido antes, y no le había dado ningún detalle sobre mí antes de que comenzara la sesión.) También reveló información íntima sobre mi familia y yo— cosas que nunca había revelado a nadie antes.

En este punto sabía que ella era real; no podía haber adivinado estos detalles con tanta precisión. Continuó respondiendo a mis preguntas sobre asuntos personales que me afectarían en el futuro, algunas de las cuales ya se han hecho realidad. Cuando la lectura terminó, me detuve a preguntarle a Cassandra sobre sus antecedentes.

Me dijo que había sido psíquica desde que era una niña. Desde temprana edad podía ver y escuchar cosas que sus padres y hermanos no podían ver ni oír, aunque no sabía de dónde venían esas visiones y sonidos ni qué significaban. Ella mantuvo estos extraños sucesos para sí misma en su mayor parte porque sus padres los descartaban como productos de una imaginación vívida. No fue hasta que tenía veinte años que se dio cuenta de que estas imágenes y sonidos provenían de espíritus del otro lado del velo, y comenzó a centrarse en ser mejor en discernir estos mensajes.

Entonces hace unos ocho años, después de consultar con otros psíquicos para perfeccionar sus habilidades, comenzó a hacer lecturas para otras personas. Ella encontró el éxito desde el principio y siempre ha recibido comentarios muy positivos de sus clientes.

Ella explicó que típicamente los espíritus que llegan a través de una lectura le dan una mezcla de imágenes, símbolos y mensajes verbales en el pensamiento. Sabía que no era su trabajo interpretar o entender los mensajes, sino simplemente transmitirlos a sus clientes. Los espíritus que llegan a ella en una sesión no siempre son los mismos, y a menudo no se identifican. Cassandra no sabía cómo llegó a tener este talento, pero supuso que sus habilidades psíquicas magnificadas probablemente resultaron de una peculiaridad en su genética. Ella creía que la mayoría de las personas tienen algunas habilidades psíquicas, aunque no siempre las reconocen por lo que son.

Cassandra sintió que tenía el deber de usar sus talentos especiales para ayudar a otras personas, y estaba feliz de hacerlo. Aunque los mensajes que transmite a sus clientes eran a menudo útiles para las personas que estaban luchando con decisiones importantes en su vida, ella sabía que el espíritu nunca le daría a nadie el mapa completo de sus vidas. Ella creía que los mensajes del espíritu solo tenían la intención de proporcionar algunas pistas sobre el camino correcto a seguir—un atajo para aquellas personas que estaban atrapadas en una rutina y necesitaban un poco de ayuda extra para seguir adelante.

Antes de irme, Cassandra me advirtió que no todo el mundo que dice ser un psíquico es lo real, y la mejor manera de encontrar un psíquico genuino era a través de recomendaciones de clientes satisfechos.

Le agradecí a Casandra por su ayuda y dejé su estudio. A pesar de que ella había sido útil en mi búsqueda de información, desearía que ella me hubiera dado más orientación sobre lo que me traería mi futuro. Pero yo sabía que esto nunca pasaría en esta escuela difícil llamada Tierra.

La noche siguiente después de mi lectura con Cassandra, Alberto regresó y me hizo señas para que lo siguiera a nuestro punto de encuentro habitual muy por encima de la Tierra. Sentí que Alberto tenía algo que mostrarme, así que esperé en silencio a que él liderara el camino.

Alberto me dijo que sabía de mi visita con Cassandra, y pensó que sería útil para mí ver el lado negativo de las visiones del reino espiritual. Mientras que los psíquicos y los médiums son capaces de manejar el flujo de mensajes del espíritu sin ninguna interrupción importante en sus vidas, algunas personas no son capaces de hacer frente a esta afluencia y sus vidas personales pueden comenzar a desmoronarse.

Seguí a Alberto hacia una ciudad en la costa este de los Estados Unidos que no podía reconocer, y caímos a través del techo de un gran edificio rectangular que tenía alrededor de diez pisos de altura. Alberto explicó que estábamos en un hospital psiquiátrico donde las personas con discapacidades mentales graves (en opinión del establecimiento médico) fueron institucionalizadas para su protección y para el bien de la sociedad. Entramos en la habitación de una paciente de unos treinta años que estaba sentada en silencio en su silla, mirando a la pared. Su cabello estaba alborotado y sin peinar, y tenía una mirada lejana en sus ojos.

"Su nombre es Judy, y fue admitida aquí hace dos años después de haber sido diagnosticada con esquizofrenia severa", explicó Alberto. "Tiene un esposo y dos hijos, de siete y diez años, que vienen a visitarla todos los domingos. Su esposo, que la ama mucho, le ha resultado muy difícil lidiar con su situación y criar a sus hijos como padre soltero. Sus hijos no entienden por qué debe permanecer en este hospital. La echan mucho de menos y rezan para que vuelva a casa pronto."

"¿Por qué me trajiste aquí, Alberto? ¿Qué querías que aprendiera?"

"Quería mostrarte un ejemplo de las consecuencias trágicas que pueden resultar cuando las personas son incapaces de hacer frente a la corriente de imágenes y mensajes que reciben desde más allá del velo. En muchos casos, los profesionales de la medicina contribuyen al problema porque se niegan a aceptar cualquier explicación que esté fuera de las pautas establecidas para la salud mental. Con demasiada frecuencia diagnostican erróneamente la condición mental de un paciente y prescriben tratamiento en un hospital mental, lo que a menudo los deja en estado perpetuo de sedación, incapaces de interactuar normalmente con el personal o los visitantes familiares. Esto refuerza la visión de los médicos de que el paciente no podría funcionar normalmente fuera de la institución."

"La verdadera tragedia es que en muchas de estas situaciones el paciente no está mentalmente disfuncional, sino que en realidad está operando a un nivel muy por encima de lo que se considera normal para los seres humanos. Judy es un buen ejemplo, ya que ha sido una psíquica dotada desde que era una niña pequeña. Desde el principio podía ver y oír personas que otros no podían percibir porque eran espíritus de más allá del velo. Judy no podía entender por qué sus padres no podían ver a estas personas que se habían convertido en visitantes regulares en su vida. Sus padres descartaban estas visiones como el producto de una imaginación hiperactiva y a menudo la regañaban por inventar historias. Judy pronto aprendió que era mejor no mencionar a estas personas especiales a nadie."

"Estos espíritus continuaron siendo parte de su vida, y creció para disfrutar de su compañía. La desventaja de esto era que ella pasaba cada vez menos tiempo con otros niños y más y más tiempo sola conversando con sus amigos espirituales. Estas visitas continuaron a través de su adolescencia, y Judy a menudo recibía información profética sobre eventos futuros que a veces revelaba a su familia y amigos. Dejó de compartir esta información cuando se dio cuenta de que la exactitud de sus predicciones asustaba a sus padres."

"Judy se casó en sus veinte años y dio a luz a dos hijos encantadores. Era una esposa y madre amorosa y devota, pero nunca mencionó su contacto con los espíritus a su esposo."

"Entonces hace unos tres años, Judy comenzó a ver cosas que eran nuevas para ella. Ella vio destellos de otras dimensiones a través de una abertura en el velo que protege a los humanos de las otras realidades que existen a nuestro alrededor. Las vistas que veía en estas otras dimensiones eran a menudo desconcertantes y alucinantes, y tuvo que luchar para mantener las cosas en perspectiva. En última instancia, tuvo que contarle a su marido sobre sus visiones porque ya no podía retenerlas dentro."

"Esto causó problemas a Judy porque su esposo, que era un hombre amable y comprensivo, encontró que sus visiones eran extrañas e increíbles. Cuando Judy continuó describiendo las cosas y lugares que veía en estas otras dimensiones, su esposo se preocupó mucho—especialmente cuando envolvió a sus hijos en la historia. Finalmente, para complacer a su esposo, Judy accedió a ver a un psiquiatra, aunque sabía que estaba perfectamente cuerda."

"Puedes adivinar lo que sucedió después. Después de varias visitas, el psiquiatra recomendó que Judy fuera internada en el pabellón psiquiátrico del hospital local para ser observada. Cuando continuó "alucinando", fue admitida en esta institución y le dieron sedantes todos los días. Judy todavía ve más allá del velo, aunque ha perdido todo interés en su vida en la Tierra como resultado de la sedación. Ya no piensa en su familia, ya que ahora está totalmente inmersa en su nuevo mundo. Es por eso que ella solo mira a la pared—está disfrutando de sus aventuras en las otras dimensiones y ya no quiere centrarse en las duras realidades de la vida en esta institución."

"Esta es una historia muy trágica, Alberto. ¿Sucede esto a menudo?"

"Desafortunadamente, sí. La ciencia médica no reconoce cosas que no entienden o que no pueden examinar en un laboratorio. Cualquier cosa que no encaje perfectamente en su estrecha visión del mundo es descartada directamente. Así que en lugar de profundizar en la posibilidad de que Judy realmente estuviera mirando a través del velo para ver la vida en otras dimensiones, les resultó mucho más fácil y más reconfortante diagnosticarla con esquizofrenia crónica y encerrarla en este hospital. Judy es solo un ejemplo de miles de otros pacientes cuyas visiones paranormales se confunden con enfermedades mentales. Demuestra una desafortunada tendencia humana a temer lo que no entienden. Hace unos pocos cientos de años, las personas que actuaban de manera anormal así habrían sido etiquetadas como brujas y quemadas en la hoguera o torturadas y asesinadas por estar en alianza con el diablo. En la sociedad moderna suelen quedar encerrados en instituciones mentales."

"¿Qué podemos hacer al respecto, Alberto? ¿Cómo podemos evitar que esto suceda a otras personas?"

"A través de la educación y la publicación, amigo mío. Debes difundir esta información a aquellas personas que pueden cambiar el sistema. Algún día la ciencia médica entenderá que personas como Judy tienen un don especial que debe ser respetado y no temido."

Entonces dejamos a Judy, y Alberto me guio de vuelta a mi habitación, prometiendo volver la noche siguiente para llevarme a otra aventura cósmica.

Capítulo 9
Los pensamientos son energía

A la mañana siguiente después de nuestra visita al hospital mental traté de dar prioridad a mis preguntas para Alberto, ya que no sabía cuánto tiempo aguantaría mi insaciable curiosidad. Recordé una de nuestras conversaciones anteriores cuando Alberto me dijo que los pensamientos son como ondas de energía que emanan de nuestras mentes y afectan a todas las demás energías y masas del Universo. Pensamientos similares que emanan de muchas mentes pueden combinarse para formar una onda de energía aún más poderosa. Dada mi educación cristiana, me pregunté si pensar era lo mismo que orar.

Los líderes de las religiones organizadas siempre han ensalzado las virtudes de la oración como un llamamiento a Dios para aliviar el dolor y el sufrimiento o para alcanzar una meta—como aprobar un examen, encontrar un buen trabajo o conectarse con un compañero ideal. En este paradigma, nuestros pensamientos no son instrumentos de cambio en sí mismos, sino simplemente una forma de comunicar nuestros deseos a Dios, quien tiene el poder de entregar el resultado deseado si Él lo considera oportuno. Esto está de acuerdo con la creencia de que Dios controla y manipula todos los eventos en nuestras vidas, y debemos orar a Dios para obtener los resultados que queremos. Estos líderes religiosos estaban felices de demostrar cómo orar eficazmente para llegar a Dios, lo que generalmente implicaba asistir a un lugar de culto de manera regular y seguir las reglas establecidas por los clérigos.

Como se revela en *Danzando en una estampilla*, Alberto descartó esta creencia como una invención de los clérigos; era una herramienta que podían usar para controlar a las masas. Alberto fue claro que la Fuente no manipula los eventos en la Tierra ni interfiere con las acciones del libre albedrío de los humanos, lo que significa que la oración y la adoración no impulsarán a la Fuente a interferir con nuestras vidas.

Entonces, si nuestros pensamientos no causan que la Fuente actúe a favor nuestro, ¿cómo afectan los pensamientos nuestra realidad en la Tierra? ¿Son todos los pensamientos iguales en fuerza o algunos pensamientos son más poderosos que otros? Cuando Alberto regresó esa noche le hice estas preguntas, y él respondió cuidadosamente.

"Los pensamientos afectan tu realidad porque crean tu percepción sobre los eventos que te encuentras todos los días. Cuando te suceden cosas, tu mente las percibirá como buenas o malas, enviando pensamientos que crearán emociones positivas o negativas. Si prefieres vivir una vida feliz, entonces necesitas enfocar tus pensamientos en ser feliz sin importar lo que te encuentres. Sin embargo, si dejas que los pensamientos negativos gobiernen el día pasarás la mayor parte de tu vida sumida en la tristeza y la desesperación."

"Tus pensamientos también pueden afectar tu realidad cuando te comunicas con otras personas. Los seres humanos pueden proyectar consciente e inconscientemente sus pensamientos hacia otros para persuadirlos de elegir un cierto curso de acción. Algunas personas son muy hábiles en vender cosas o convencer a otros para que actúen de acuerdo con sus deseos. Son capaces de hacerlo principalmente porque pueden emitir pensamientos poderosos, a menudo inconscientemente, para persuadir a otros a hacer lo que quieren. Las personas que reciben estos pensamientos a menudo responden sin estar conscientes de estas proyecciones de pensamiento. Del mismo modo, los pensamientos pueden influir en un reclutador para que te contrate para el trabajo, persuadir a un juez de arte de que tu pintura merece el primer lugar, o convencer a alguien de qué harías un compañero de vida perfecto. En estas situaciones, la realidad tanto del emisor como del receptor de estos pensamientos se ha visto afectada por las decisiones que se toman en respuesta."

"Los pensamientos también pueden comunicar conceptos, ideas y sentimientos. Un gemelo idéntico a menudo sabrá lo que el otro gemelo está pensando y sintiendo, incluso si están a cientos de millas de distancia. Las parejas que han estado viviendo juntas durante muchos años han sido conocidas por encontrar soluciones idénticas a un problema sin discusión previa y por terminar las frases de cada uno durante una conversación."

"Porque los pensamientos son energía, pueden manipular otra energía y materia en el Universo. Un pensamiento enfocado es más poderoso que un pensamiento disperso, al igual que un rayo láser de ondas de luz coherentes es más poderoso que la luz incoherente de una linterna. No todos tus pensamientos en la Tierra que buscan un resultado particular se manifiestan porque a menudo son cancelados por pensamientos conflictivos de otras personas. En el lado del espíritu, no hay pensamientos conflictivos y cada pensamiento se manifiesta tan pronto como se expresa."

"Cuando tus pensamientos están en conflicto directo con las metas que tu alma busca, tus deseos serán puestos en suspenso hasta que tu alma esté satisfecha de que aquello que buscas no te enviará en una trayectoria equivocada. Si visualizas que vas a tener un Ferrari rojo, tu alma puede resistir este deseo porque puedes conducir demasiado rápido y lesionarte en un accidente—un evento que tu alma no quiere experimentar. La desafortunada realidad en la Tierra es que tus deseos probablemente no se cumplirán, no importa cuán a menudo envíes afirmaciones positivas al Universo, a menos que tu alma esté de acuerdo."

"La repetición, sin embargo, puede hacer que tus pensamientos sean más efectivos en el plano de la Tierra. Dado que cada pensamiento es una onda de energía, las ondas repetidas de energía similar pueden fusionarse para volverse mucho más poderosas que un pensamiento aislado. La forma más efectiva de lograr los resultados que deseas es repitiendo afirmaciones y visualizaciones positivas una y otra vez hasta que obtengas lo que quieres."

"¿Qué hago si mi alma no quiere que manifieste un cierto deseo?", me pregunté. "¿Cómo puedo lograr mi objetivo? ¿Hay alguna manera para mí de convencer a mi alma de que mis anhelos deben ser cumplidos? En realidad, ¿cómo puedo saber si mi alma está a mi favor o contra cuando proyecto mis pensamientos al Universo?"

Alberto suspiró suavemente y respondió: "Nunca puedes saber con certeza lo que tu alma quiere que logres, porque no tienes acceso al plan de vida que tu alma preparó antes de que nacieras. Tu plan de vida, sin embargo, no está grabado en piedra; tu alma puede cambiarla a medida que tu vida avanza, y lo hará si los eventos en tu vida justifican un cambio. Si realmente quieres algo, envía los pensamientos más enfocados que puedas reunir y repítelos una y otra vez. Tu alma será influenciada por tus pensamientos, y puede ser posible poner tu alma de acuerdo con un esfuerzo concertado. Si puedes hacer esto, tus pensamientos se manifestarán mucho antes porque tanto tú como tu alma enviarán el mismo mensaje al Universo."

Esta discusión sobre el poder del pensamiento me recordó la conversación que Alberto y yo tuvimos sobre la Ley de la Atracción cuando escribía *Danzando en una estampilla*. Él había explicado entonces que la Ley de Atracción no siempre funciona en la Tierra debido a la escasez de algunos bienes materiales en los planos más densos o porque nuestros deseos no son apoyados por nuestras almas.

Dado todo esto, me preguntaba cuántos libros sobre la Ley de la Atracción podrían tomar la posición de que funciona cada vez.

Como siempre, Alberto tuvo una respuesta interesante: "Los autores de los libros que mencionas están haciendo todo lo posible para vender muchos libros, y la mejor manera de hacerlo es asegurarle al lector que la Ley de Atracción siempre funciona. Así que citan numerosos ejemplos de cómo ha funcionado en el pasado para ellos o para otras personas, lo que proporciona esperanza e inspiración al lector. Lo que descuidan mencionar es que por cada situación en la que ha funcionado, hubo noventa y nueve casos más en los que no funcionó. Deliberadamente mencionan solo los éxitos, nunca los intentos fallidos. Así que proporcionan una imagen distorsionada de cómo los pensamientos pueden manifestarse en tu planeta."

"Este enfoque es comprensible, ya que nadie quiere oír hablar de deseos insatisfechos. Todo el mundo quiere leer sobre los momentos felices en que el pensamiento positivo de alguien cosechó maravillosas recompensas. Proporciona un rayo de esperanza de que los lectores también pueden obtener lo que quieran simplemente siguiendo la guía de estos libros."

"Desafortunadamente, descubren pronto que sus pensamientos no siempre se manifiestan de la manera mágica descrita en estos libros, y deben continuar su búsqueda del secreto para vivir una vida más feliz. Es muy parecido a las personas que prueban una dieta de moda tras otra buscando una manera fácil de perder peso y mantenerlo."

"Pero no tomes esto de la manera equivocada. Siempre es útil tener pensamientos positivos en tu vida. Los pensamientos negativos pueden arrastrarte y retrasar tu progreso. Los pensamientos positivos te harán sentir mejor, y serás una persona más feliz debido a ello, incluso si todos tus deseos no se cumplen. Si reconoces esto, no te decepcionarás cuando tus deseos no se cumplan, y apreciarás esas ocasiones en que tus pensamientos den los resultados que esperabas."

Ahora entendí por qué nunca he ganado la lotería—era mi yo superior que me retenía. (O tal vez fue porque nunca compré boletos de lotería.)

Mientras Alberto esperaba pacientemente mi siguiente pregunta, le dije que tenía curiosidad por los milagros, ya que recientemente me había dado cuenta de que muchos libros y publicaciones de Facebook decían que los milagros le pasarán a cualquiera que realmente crea en ellos. Eso parecía ser demasiado fácil; siempre había pensado que los milagros requerían alguna forma de intervención divina. Aunque esperaba que Alberto fuera capaz de arrojar algo de luz sobre este tema, quería reflexionar sobre lo que sabía acerca de los milagros antes de plantearle mis preguntas. Tal vez Alberto podría arreglar que me lanzaran algunos milagros.

Capítulo 10
Milagros diarios

La palabra milagro se define como "un evento sorprendente y bienvenido que no es explicable por las leyes naturales o científicas y es considerado divino", y el término ha sido utilizado por los humanos durante siglos, incluyendo docenas de referencias en la Biblia. Es común hoy que la gente crea que los milagros son creados por Dios a su discreción, a menudo en respuesta a las oraciones de sus fieles seguidores.

Los milagros son eventos o acciones que entregan resultados maravillosos e inexplicables a quienes los reciben, como un paciente terminal de cáncer que se recupera completamente. Los eventos que desafían las probabilidades, pero son claramente explicables bajo nuestras leyes naturales, como ganar la lotería, no son verdaderos milagros, incluso si puede parecer uno para la persona con el boleto ganador.

El elemento clave de un milagro es que los científicos no pueden ofrecer una explicación plausible para lo que sucedió basado en las leyes de la naturaleza tal como las conocen en ese momento. Por lo tanto, los eventos que se piensa que son milagrosos en una era pueden ser sucesos comunes en un período posterior. Hace cien años, ver un partido de béisbol o un concierto en un panel de vidrio en tu casa habría sido milagroso. Como dijo Walter C. Clarke: "Cualquier tecnología suficientemente avanzada es indistinguible de la magia"— o de milagros, para el caso.

La mayoría de los milagros que Jesús realizó, como multiplicar los peces y los panes, convertir el agua en vino y caminar sobre el agua, aún no han sido duplicados por la ciencia, aunque algún día podrían serlo. Puede que no sea la ciencia la que encuentre una manera de replicar estos milagros; la respuesta puede provenir de humanos comunes que han aprendido a utilizar todo el poder de sus mentes.

Siempre me han intrigado los milagros atribuidos a Jesús en las Escrituras. Convertir el agua en vino y resucitar personas de entre los muertos son hazañas increíbles, de hecho. Pero me pregunté por qué Jesús no usó sus poderes para salvarse de una muerte dolorosa en la cruz.

Esto llevó a la inevitable pregunta para Alberto: ¿Son milagros causados por la intervención directa de la Fuente, o son creados por humanos que han aprendido a manifestar sus deseos con pensamientos poderosos y enfocados?

Como de costumbre, Alberto tenía una respuesta perspicaz para mí: "Los milagros no se originan en la Fuente porque, como he dicho antes, la Fuente no controla o manipula los eventos en la Tierra. Históricamente, la mayoría de las religiones han atribuido todos los milagros a Dios como su respuesta a las oraciones de los fieles. Tomaron esta posición porque no tenían otra explicación plausible para los milagros, y mejoró su visión de Dios como el Ser Supremo que podía hacer cosas maravillosas para aquellas personas que lo adoraban y seguían Sus reglas. Reforzó sus enseñanzas de que todos deben orar a menudo y adorar a Dios de manera regular."

"Los milagros que mencionaste fueron creados por humanos que fueron capaces de enfocar sus pensamientos de una manera poderosa para lograr resultados que la ciencia no pudo explicar. Simplemente estaban aprovechando fuerzas en el Universo que siempre han estado disponibles para aquellos humanos que sabían cómo utilizarlas. Dado que la mayoría de las personas no son conscientes de esta energía, ellos asumen que todos los milagros son el resultado de la intervención divina."

"Jesús fue un ejemplo notable de un ser humano que había aprendido a liberar la poderosa energía del Universo para realizar sus milagros. Hay muchos otros ejemplos en tu historia: Moisés separando el mar Rojo, y el sol y la luna detenidos para Josué son dos ejemplos notables. Ha habido innumerables otros milagros a través de los siglos, indocumentados en su mayor parte, que resultaron en parapléjicos aprendiendo a caminar de nuevo, mujeres infértiles que conciben niños, personas ciegas que recuperan la vista y pacientes clínicamente muertos que se recuperan completamente."

"La mayoría de los humanos no se dan cuenta de lo poderosos que pueden ser si aprovechan la energía del Universo, y tienden a dar crédito a Dios por todos los milagros. En el lado del espíritu, la creación del pensamiento es muy poderosa, y cada alma sabe cómo usar los pensamientos para manifestar las cosas que quieren. Pero las cosas no son tan fáciles en la Tierra, donde la mayoría de los humanos aún no han aprendido a enfocar sus pensamientos para lograr los resultados que desean."

"Algún día los humanos podrán caminar sobre el agua y convertir el agua en vino, pero primero deberán elevar su nivel de conciencia y aumentar sus niveles vibratorios. Esto les permitirá una mayor utilización de la mente humana, y lo que ustedes considerarían un milagro hoy será algo común en el futuro."

"Sería maravilloso si pudiera convertir el agua en vino", dije con nostalgia, "pero ¿qué pasa con el agua en whisky?"

"No presiones tu suerte. Si sigues molestándome, te convertiré en un sapo."

"¿Puedes hacer eso?"

"Puedo, pero no lo haré—porque prometí al Concilio que no haría nada para mejorar tu apariencia", replicó Alberto, con su sonrisa traviesa.

Pensé en levantarle el dedo medio, pero tenía miedo de que desapareciera en un instante, y tenía muchas más preguntas para él. Así que me mordí la lengua y continué.

"¿Cómo puedo aprender a usar más de mi cerebro, Alberto? ¿Qué necesito hacer para lograr este estado mejorado de conciencia?"

"Necesitas calmar tu mente y enfocar tus pensamientos. Debes librarte de tus emociones negativas en cada aspecto de tu vida. No debes detenerte en el pasado, y debes perdonarte a ti mismo por todos los errores que has cometido. Entonces deberías perdonar a todos los que te hayan causado algún daño, el cual debe ser un perdón incondicional sin la expectativa de nada a cambio. Finalmente, debes dejar de contemplar el futuro y preocuparte por las cosas malas que te puedan pasar a ti o a tu familia. Es importante que aprendas a vivir en el momento presente y tengas fe en que todo en tu vida se desarrollará como debe de ser."

"Debes aprender a vivir tu vida con esto en mente para que no odies a aquellas personas que te causan daño y no te de coraje por los eventos en tu vida que no van de acuerdo a tu plan. No juzgues ni temas a otras personas porque tengan una religión o forma de vida diferente. Vive tu vida como si realmente entendieras que todos somos parte de la Fuente—conectados entre sí y con todo lo demás en el Universo—y desecha las ilusiones de separación."

"Cuando seas capaz de hacer todas estas cosas consistentemente, descubrirás cómo enfocar la energía de tus pensamientos para manifestar tus deseos, y tú también serás capaz de generar milagros todos los días."

"Escucho lo que dices, Alberto, aunque es más fácil decirlo que hacerlo. Ya has sido una gran influencia en mi vida desde ese día hace mucho tiempo cuando me confrontaste en la calle. Solo desearía que pudieras agitar tu varita mágica y convertirme en el tipo de persona que acabas de describir. Sería mucho más fácil", lamenté.

"Creo que ya sabes la respuesta a esa petición", replicó Alberto. "Podría hacer arreglos para que esto suceda, pero no lo haré porque no sería en tu mejor interés. Solo tendrás que resolverlo en la Tierra como todos los demás, sin favores especiales. Entenderás por qué esto es así cuando pases al lado del espíritu y entiendas completamente la realidad de la vida en la Tierra."

Esta fue la respuesta que esperaba de Alberto, aunque nunca está de más intentarlo. Así que decidí pasar a mi siguiente pregunta: "Tengo una última pregunta sobre los milagros. Mencionaste que Jesús había aprendido a utilizar la energía del Universo para realizar Sus milagros. ¿Por qué no usó esta habilidad para salvarse de la crucifixión? ¿No era capaz de quitar los clavos de sus manos y pies, y descender de la cruz?"

"Jesús ciertamente podría haberse salvado de la cruz, pero eso no era algo que Él quería o necesitaba hacer. No tenía miedo de la muerte porque sabía quién era y a dónde iría después de que su cuerpo físico muriera. Él se dejó crucificar, ya que creía que esta era la mejor manera de hacer una declaración poderosa a la humanidad—que él pudiera resucitar a sí mismo de entre los muertos y ascender al Cielo. Pretendía que su muerte y resurrección fueran el catalizador milagroso para el comienzo de una nueva religión que ayudaría a la humanidad a comenzar el camino hacia la iluminación. La Iglesia cristiana que surgió de su muerte ha tenido un gran impacto en los seres humanos, a pesar de que fue secuestrada hasta cierto punto por los lideres religiosos que siguieron a Jesús.

Aunque Jesús tenía buenas intenciones, la Iglesia que Él originó se desvió después de Su muerte debido a las acciones de libre albedrío de los líderes religiosos que le siguieron.

"Ahora los humanos están una vez más en necesidad de un impulso para llevarlos al siguiente nivel. Necesitan un catalizador para estimularlos a hacer cambios significativos en la forma en que interactúan con otros humanos, las criaturas en tu planeta y la Madre Tierra misma. Excepto que esta vez no será un solo mesías guiándolos a la Tierra Prometida; serán muchas personas de todo el mundo que trabajarán silenciosamente detrás de escena para ayudar a los humanos a hacer la transición. No se creará ninguna nueva religión; en cambio, habrá una expansión universal, casi imperceptible, de la conciencia sin que ninguna persona sea el punto focal. Todos nuestros mensajeros que están difundiendo la palabra acerca de la iluminación espiritual son parte de este movimiento. Ningún individuo podrá reclamar toda la gloria por este logro. Será un logro grupal que será disfrutado por todos."

Fue una pena que Jesús no pudiera volver a la Tierra una vez más para guiarnos a la iluminación, pensé mientras escuchaba a Alberto, aunque el Concilio sin duda tenía un plan maestro diferente para los humanos. Nuestra discusión sobre Jesús y sus milagros me recordó una conversación anterior que tuve con Alberto sobre Jesús y las Escrituras que narran su vida y muerte. Alberto había insinuado que yo me sorprendería si yo supiera la verdad acerca de Jesús, aunque él se había negado a ir más lejos en ese momento. Ahora quería volver a examinar este tema con Alberto para ver si él estaría dispuesto a compartir la asombrosa verdad acerca de Jesús.

Capítulo 11
La vida secreta de Jesús

Cuando estaba escribiendo el manuscrito para *Danzando en una estampilla*, Alberto me dijo que el alma que había encarnado como Jesucristo era un alma muy avanzada, un Maestro, y que Jesús vino a la Tierra para ayudar a la humanidad a dar el siguiente paso por la escalera de la iluminación espiritual. El hecho de que haya ahora más de dos billones de cristianos en el mundo demuestra claramente que Jesús ha tenido un efecto muy significativo en la civilización humana. Pero una cosa que Alberto mencionó en nuestras conversaciones me intrigó y me dejó sediento de más información. Alberto había revelado que los evangelios que describían la vida y muerte de Jesús habían sido editados y revisados varias veces por los líderes de la Iglesia después de que las Escrituras originales habían sido escritas. Esto se hizo para asegurar que las Sagradas Escrituras se ajustaran a su visión de la Iglesia y sus creencias.

Alberto no había revelado ningún detalle sobre qué cosas fueron agregadas o eliminadas de los evangelios originales a pesar de varios intentos de obtener esta información de él. Él generalmente respondió que esta información no era algo que yo necesitaba saber en ese momento; sin embargo, nuestra reciente discusión sobre los Maestros que viven en la Tierra me impulsó a intentar una vez más obtener algunas respuestas de Alberto. Así que me preparé para mi siguiente pregunta.

"Mencionaste hace un tiempo, Alberto, que los evangelios acerca de Jesús habían sido revisados varias veces durante los primeros días de la Iglesia. Me encantaría saber más acerca de lo que fue agregado o eliminado de las Escrituras, para que pueda aprender la verdad acerca de este gran hombre."

Para mi sorpresa, Alberto estaba dispuesto a satisfacer mi petición. "Puedo llevarte de vuelta a los Registros Akáshicos para que veas ciertos segmentos de la vida de Jesús, pero debes tener cuidado con lo que pides. Algunas de las cosas que te mostraré serán controversiales, y puedes ser ridiculizado y sometido al odio y la ira si revelas estos detalles en tu libro. ¿Estás seguro de que quieres hacer esto?"

"Sabes lo que dicen, el Señor odia a un cobarde. Muéstrame la verdad acerca de Jesús, y tomaré mis riesgos con las consecuencias."

Alberto me dio una de sus sonrisas perspicaces y asintió con la cabeza, como si ya supiera cuál sería mi respuesta. Me hizo un gesto para que lo siguiera, y me llevó de regreso al lado del espíritu y al Salón de los Registros. Entramos en una de las habitaciones vacías y nos sentamos al lado del globo holográfico en el centro. Alberto movió su mano sobre el globo, y los remolinos azules y blancos dieron paso a una escena que no reconocí inmediatamente.

Alberto explicó que esta escena era de la vida de Jesús cuando tenía diecisiete años. Era el día de la fiesta de celebración de su matrimonio con María Magdalena. El globo expuso una gran plaza abierta en la ciudad de Nazaret, llena de largas mesas y sillas de madera. Varias docenas de invitados joviales y animados se sentaron en las mesas disfrutando del suntuoso banquete y del delicioso vino tinto. La mesa principal en la parte delantera de la plaza estaba adornada con un elaborado mantel de encaje y jarrones llenos de flores recién cortadas. Pude ver a Jesús sentado cerca del centro de la mesa principal, vestido con una simple túnica de algodón blanco. Tenía el cabello hasta los hombros y una barba cuidadosamente recortada. Sentados a la izquierda de Jesús estaban dos de sus hermanos menores, Santiago y José. A la derecha de Jesús estaba su nueva novia, María Magdalena, con ojos azules deslumbrantes y una sonrisa radiante que reflejaba su júbilo. Ella resplandecía en una larga túnica blanca hecha de seda fina y adornada con elaborados brocados. Sentadas a su lado estaban sus damas de honor, con discretas túnicas de lino.

Alberto mencionó que esta era la fiesta de celebración de bodas para el matrimonio de Jesús y María Magdalena, que era la tercera parte de una boda judía durante el tiempo de Cristo. Las dos primeras partes, los esponsales y la consumación, ya habían ocurrido.

Pude ver que todos los invitados lo pasaban de maravilla disfrutando de la comida sana en abundancia y bebiendo el vino rojo. Las risas y la conversación animada llenaron la plaza de un ambiente alegre. Jesús y María Magdalena resplandecían de felicidad mientras pasaban mucho tiempo mirándose profundamente a los ojos—casi ajeno a las festividades a su alrededor. Me fascinó esta escena al sentir el fuerte vínculo de amor entre Jesús y María Magdalena.

Entonces tuve que hacerle a Alberto la pregunta obvia: "¿Me estás diciendo que Jesucristo se casó con María Magdalena, aunque no se menciona esto en las Escrituras?"

Alberto se encogió de hombros y sonrió. "Este matrimonio sucedió porque los Registros Akáshicos no mienten. Varios de los Evangelios originales mencionaron el matrimonio de Jesús; sin embargo, las ediciones posteriores de los líderes de la Iglesia eliminaron todas esas referencias."

"¿Por qué se hicieron estas ediciones? ¿Qué podría estar mal con Jesús estando casado? El matrimonio era muy común para los hombres judíos en la época de Cristo, así que ¿por qué pensaron que Jesús debería haber permanecido soltero toda su vida?"

"Lo hicieron por dos razones", explicó Alberto. "La primera tenía que ver con su caracterización de Jesús como el hijo de Dios, parte de la Santísima Trinidad. Sentían que el hijo de Dios era una persona muy especial que no debería haber sido mancillado por el matrimonio con un humano ordinario. Ellos creían que Jesús no debería haber tenido los atributos habituales de los humanos mortales, incluyendo los deseos carnales, y Jesús sería considerado en alta estima si hubiera sido célibe toda su vida, evitando así las impurezas asociadas con las relaciones sexuales."

"La segunda razón fue evitar la distracción de sus descendientes directos que reclamaban posiciones privilegiadas en la Iglesia debido a su herencia. Los sacerdotes que revisaron los Evangelios, y que no eran descendientes directos de Cristo, no querían que sus posiciones de poder fueran usurpadas por personas que tenían una conexión más directa con Jesús."

"¿Estás diciendo que Jesús tuvo hijos?", expresé.

"Sí, por supuesto, lo hizo. Jesús y María Magdalena tuvieron dos hijos y una hija. No hay mención de ellos en las Escrituras porque fueron eliminados como parte del proceso de edición. No estaban presentes durante la crucifixión y muerte de Cristo, ya que habían sido escondidos por su madre con parientes para protección. Después de la muerte de Cristo, María Magdalena y María, la madre de Jesús, ocultaron su identidad y las sacaron clandestinamente de Palestina a otro país, donde vivieron vidas normales, se casaron y criaron a sus propios hijos. Sus verdaderas identidades nunca fueron descubiertas."

"¿Dónde vivieron? ¿Puedes decirme quiénes son sus descendientes?"

"No estoy autorizado a revelar esta información en este momento. Esto es algo que no necesitas saber ahora mismo. No serviría para nada. Encendería un debate que sería divisivo y distraerá a todos los cristianos. Los humanos necesitan enfocarse en el presente y no discutir por los acontecimientos del pasado."

"Así que la justificación de la Iglesia católica para el celibato —que los sacerdotes debían ser célibes porque Jesús era célibe— no tiene ninguna validez real", me aventuré.

"Tienes razón. El mandato de la Iglesia para el celibato se ha aplicado de manera inconsistente a lo largo de los siglos, y su posición actual ha causado muchos problemas. Muchos de los sacerdotes que han sido convictos por el abuso sexual de niños pequeños lo hicieron porque no tenían salida saludable para su deseo sexual. Si a estos sacerdotes se les hubiera permitido casarse, no habrían necesitado cumplir con sus antojos sexuales de manera anormal y abusiva. El Vaticano todavía se aferra a esta política a pesar de la reciente ola de condenas por agresión sexual. Muy a menudo, la primera reacción de los líderes de la Iglesia a las acusaciones de abuso sexual por parte de sacerdotes es el encubrir estos incidentes y mantenerlos fuera de la mirada pública. Esto ya no funciona, y necesitan cambiar su regla para evitar más abusos. Ellos saben que esto es cierto, pero, como la mayoría de los adultos en tu planeta, son resistentes al cambio." "Aunque citan el celibato de Cristo como la razón de la regla, la verdadera razón es económica. Los sacerdotes con esposas e hijos requieren más dinero para vivir que los sacerdotes solteros, y proporcionarles más remuneración significaría menos dinero para que los líderes de la Iglesia gasten como lo consideren oportuno. Además, si un sacerdote se fallece, la Iglesia estaría obligada por la presión pública a proveer a la esposa y a los hijos sobrevivientes, lo que sería otro drenaje para las arcas de la Iglesia. Por lo tanto, es poco probable que cambien su posición sobre el celibato pronto, a pesar de la obvia necesidad de hacerlo."

Esta era mucha información nueva para digerir, pero la escena de la boda planteó otra pregunta en mi mente: "Háblame de los dos hombres sentados junto a Jesús, sus hermanos menores. Como sabes, la Iglesia católica niega que Jesús haya tenido hermanos. De hecho, uno de los pilares de sus creencias es que su madre, María, fue virgen toda su vida, algo que sería falso si tuviera otros hijos después de Jesús."

"María tuvo cuatro hijos y dos hijas después de Jesús", continuó Alberto, "y los concibió de la manera normal al tener relaciones sexuales con su esposo. Hay varias referencias a los hermanos de Jesús en el Nuevo Testamento (que se perdieron cuando las otras referencias fueron eliminadas), excepto que la Iglesia toma la posición de que estos pasajes realmente se refieren a los primos de Jesús o a los hijos de José de un matrimonio anterior, a pesar de que no hay evidencia que apoye este punto de vista."

"¿Por qué la Iglesia pensó que era necesario negar este hecho? ¿Qué estaría de mal con María teniendo otros hijos con su esposo?"

"Los primeros líderes de la Iglesia sintieron que María debía ser venerada como una persona especial", explicó Alberto. "Según ellos, ella era la madre de Dios y debía ser descrita de la mejor manera posible. Creían que debía ser tan pura como la nieve, libre de todos los vicios humanos. En su visión distorsionada de la pureza religiosa, esto significaba que María tenía que ser representada como una virgen toda su vida, sin ningún otro hijo. Este punto de vista surgió de la creencia subyacente de que las relaciones sexuales eran un acto básico y degradante que hacía a una persona impía e impura. La Iglesia ha continuado enfatizando la virginidad perpetua de María hasta el día de hoy. A menudo describen a María como la 'bendita *Virgen* María, madre de Dios'. Es interesante notar su énfasis en la palabra 'virgen', como si fuera una insignia de honor y algo especial de lo que estar orgulloso."

"En cierto modo, sin embargo, puede verse como degradante para todas las mujeres a lo largo de la historia que dieron a luz a sus hijos de forma natural—después de las relaciones sexuales con sus maridos. Algunas personas podrían incluso considerar que es una burla a todas las madres amorosas y afectuosas que han sido despreciadas por la Iglesia porque perdieron su virginidad. Es el mismo razonamiento equivocado que usaron cuando tomaron su posición de que Jesús fue célibe toda su vida."

"Esto no tiene sentido para mí", respondí. "Jesús y su madre eran ambos humanos, y sería natural para ellos casarse y tener relaciones sexuales, al igual que comer, beber y respirar son actividades naturales y esenciales de los seres humanos."

"Estoy totalmente de acuerdo contigo en este punto. La Fuente creó humanos con órganos sexuales y un fuerte impulso sexual por diseño, no por accidente. No hay nada impuro o impío en las relaciones sexuales. La Iglesia se desvió del tema principal sobre el sexo en los primeros días, liderada por hombres como San Agustín, y todavía defienden esta creencia antinatural de que el sexo (excepto por parejas legalmente casadas con el propósito de concebir un hijo) es pecaminoso."

"Entonces, estas nuevas revelaciones acerca de Jesús, María Magdalena, y su madre María, ¿saldrán a la luz?"

"Hay documentos en existencia, aunque aún no están disponibles públicamente, que revelan la verdad sobre estos asuntos. Algún día serán revelados, pero esto no cambiará la posición de la Iglesia, ya que negará su autenticidad y afirmará que son falsificaciones. De hecho, si Jesús mismo descendiera del Cielo y dijera la verdad mientras flotaba sobre la plaza de San Pedro, el Vaticano diría que solo fueron efectos especiales desarrollados en Hollywood."

"Estoy permitido mencionar esta nueva información en mi libro?"

"Claro, adelante. Muchos comentaristas ya han afirmado que Jesús tenía una esposa e hijos, por lo que una voz más no añadiría mucho a la cacofonía. Pero prepárate para el odio y el ridículo que puedes atraer si lo haces. Si esto sucede, siempre puedes culpar al hombre sin hogar que conociste en la calle un día. Tengo hombros anchos—y no podrán encontrarme de todos modos."

Al salir del Salón de los Registros, mi cabeza daba vueltas con esta nueva información. Sin duda, sabía que tenía que divulgar estas revelaciones en mi libro y arriesgarme. Tengo la suerte de vivir en el siglo XXI donde no me queman en la hoguera por mi sacrilegio, aunque mis posibilidades de ser invitado a cenar con el Papa se verían disminuidas considerablemente.

Como tenía mucho que absorber de este viaje, le pedí a Alberto que me llevara a casa. Así que me sacó rápidamente del lado del espíritu y me llevó de vuelta a mi dormitorio, prometiendo volver pronto con unas cuantas sorpresas más.

Capítulo 12
Planificando con un propósito

Aunque me encantan las sorpresas agradables, lo contrario podría ser angustiante. Con Alberto nunca supe qué esperar. A veces sospechaba que él disfrutaba de mantenerme fuera de balance como una manera de recordarme que todavía tenía que terminar mi vida en este planeta, y mis recientes viajes astrales eran simplemente un breve interludio de esta difícil escuela. Así que mientras esperaba a que Alberto regresara para poder escapar brevemente de las garras de mi odisea inconsciente en la Tierra, me pregunté una vez más por qué había elegido venir aquí en primer lugar.

Seguramente tenía que haber lugares en el Universo donde no hubiera impuestos, ni tele mercaderes, ni comedias de situaciones absurdas en la televisión. ¿Por qué no elegí un planeta donde pudiera comer todas las hamburguesas con queso que quisiera sin romper la balanza y enviar mi colesterol a la estratosfera? O, ¿qué tal un bonito planeta tropical donde podría pasar el día en una playa de arena blanca bebiendo margaritas y comiendo cochinillo asado, con mi propio asistente personal para ayudarme a meterme en mi *Speedo* extragrande cada mañana?

La respuesta fue obvia para Alberto, pero no tanto para mí. Alberto me dijo muchas veces que elegí venir a este planeta por mi cuenta, y que debía dejar de quejarme al respecto. No solo elegí un viaje en la Tierra, sino que había planificado mi vida de antemano.

Como lo revelé en *Danzando en una estampilla*, Alberto reveló que todos creamos planes de vida antes de encarnar. Nuestros planes de vida establecen las líneas generales de nuestras vidas en la Tierra que diseñamos con el propósito de experimentar las cosas y aprender las lecciones que necesitamos para nuestra evolución. Elegimos los detalles y eventos significativos para nuestras nuevas encarnaciones, incluyendo nuestros nombres y lugares de nacimiento, las escuelas a las que asistiremos, y las personas que serán nuestros padres, hermanos, cónyuges, hijos y amigos.

Alberto también había explicado que nuestros planes de vida no determinan todo lo que sucede en nuestras vidas. Debido a que tenemos libre albedrío para tomar acciones y tomar decisiones mientras estamos en la Tierra, y puesto que no recordamos de dónde venimos o lo que está en nuestros planes de vida, a menudo elegiremos el camino equivocado cuando llegamos a una bifurcación en el camino.

Mientras entendía que mi meta en la Tierra era seguir mi plan de vida lo mejor que pudiera, sentía curiosidad acerca de cómo había desarrollado mi plan de vida en el lado del espíritu. Así que la próxima vez que Alberto apareció en mi dormitorio, lo seguí ansiosamente a través de las nubes hasta nuestra posición habitual más arriba de la Tierra. Antes de que Alberto tuviera la oportunidad de hablar, despejé mis pensamientos: "No estoy seguro de lo que planificaste para esta noche, Alberto, pero tengo una petición. Me gustaría observar una sesión de planificación de vida en el lado del espíritu para poder entender mejor el proceso."

Alberto asintió con la cabeza y me llevó a un edificio señorial en Aglaia llamado el Salón de la Planificación. Entramos por la gran puerta principal y caminamos por un largo pasillo hacia una habitación iluminada con una mesa en forma de herradura frente a un gran monitor en la pared. Sentadas alrededor de la mesa había unas veinte almas vestidas de manera diferente con prendas de colores, muy parecidas a las personas que había visto en las calles de la ciudad.

"Esta es una sesión de planificación para este grupo de almas que tienen la intención de encarnar como seres humanos en algún lugar de América del Norte. Planifican nacer en distintos tiempos durante los próximos treinta años. Te permitiré escuchar sus deliberaciones, y luego responderé a tus preguntas", reveló Alberto.

El alma sentada en el centro de la mesa, cuyo nombre era Elizabeth, dirigió la discusión. Ella le dijo al grupo que había vivido sus últimas tres vidas en la Tierra como un hombre y sintió que era hora de que ella experimentara su próxima vida como una mujer. Elizabeth aconsejó al grupo que los había reunido para ayudar a planificar su próxima encarnación porque quería que desempeñaran papeles importantes en su nueva vida. En sus dos vidas más recientes había sido privilegiada y rica, con muchos sirvientes para satisfacer todos sus deseos. En un caso, ella había sido el hijo de un conde en la Gran Bretaña del siglo XIX, y en su vida más reciente había sido un actor de Hollywood que había protagonizado varias docenas de películas exitosas. Había aprendido mucho sobre vivir en el lujo sin preocuparse por el dinero, pero admitió que había prestado poca atención a la difícil situación de la gente pobre en esas vidas. Así que ahora quería experimentar una vida de pobreza.

Su plan para su próxima vida era nacer en una familia pobre que tuvo que luchar para pagar el alquiler y poner comida en la mesa. Dijo que había escogido un pequeño pueblo en el medio oeste de los Estados Unidos y había elegido a una pareja recién casada como sus padres. El padre, que tenía veinte años, era mensajero de bicicletas para una empresa de reparto, mientras que su joven esposa atendía mesas en un restaurante local. Vivían en un pequeño apartamento en un edificio deteriorado cerca del restaurante. A pesar de sus precarias circunstancias financieras, querían tener un bebé.

Elizabeth señaló a las dos almas sentadas inmediatamente a su izquierda. Explicó que estas eran las almas que habían encarnado como el hombre y la mujer que acababa de describir, y que se habían unido a la reunión a petición suya para que pudieran estar de acuerdo con su plan de encarnar como su primogénito.

(Alberto me había explicado anteriormente que todas las almas encarnadas en la Tierra dejarán temporalmente sus cuerpos físicos cada noche durante el sueño para viajar al lado del espíritu, aunque generalmente no se nos permite recordar estas excursiones. En este caso, las almas de los futuros padres se habían unido a la reunión de planificación durante una de sus escapadas nocturnas.)

Escuché con interés mientras los tres discutían los pros y los contras de este plan y las cosas que cada uno de ellos esperaba experimentar. Cuando llegaron a un acuerdo, comenzaron a llenar los detalles: El nombre del bebé y las almas que serían sus hermanos, amigos de la infancia y futuro esposo. Todas estas almas, junto con todos los demás que jugarían un papel significativo en su vida, estaban sentados alrededor de la mesa, y la discusión fue animada, pero amistosa. A pesar de todas las diferentes interacciones que implicaría su nueva vida, el grupo logró llegar a un acuerdo en todos los asuntos. El esquema de su nueva vida se mostró en el monitor de la pared para que todos lo vieran.

En este momento, Elizabeth señaló a tres almas sentadas en el extremo derecho de la mesa a las que aún no se les había asignado un papel en su nueva vida. Ella anunció que quería que ellos fueran sus guías espirituales para la primera parte de su vida porque habían vivido en pobreza en varias vidas anteriores en la Tierra y su guía sería muy útil para ella. Los méritos de su propuesta fueron discutidos extensamente hasta que se llegó a un consenso de que estas tres almas servirían como sus guías.

El paso final fue la aprobación de los Sabios. Dos de los miembros del Consejo entraron en la sala y rápidamente revisaron el monitor. Sugirieron algunos cambios a su plan de vida antes de darle a Elizabeth su bendición.

El plan de vida de Elizabeth era definitivo y estaba listo para su implementación. Todos en la habitación se dispersaron, y Elizabeth se fue para despedirse de otros en su grupo de almas antes de proceder a la sala de partos donde estaría preparada para entrar en el nuevo bebé en el momento apropiado.

"Este fue un proceso fascinante", le comenté a Alberto. "¿Pasé por esto antes de nacer?"

"Por supuesto. Cada alma tiene un proceso similar de planificación de vida antes de encarnar, y tú no eres la excepción. Pero como mencioné antes, tu plan de vida inicial no está grabado en piedra. Tu modificas tu plan de vida de vez en cuando después de tu nacimiento con los cambios que consideras necesarios basados en las cosas que ya has experimentado. Haces esto después de consultar con tus guías durante uno de tus viajes nocturnos al lado del espíritu. Todo el proceso está diseñado para ser fluido y flexible para que puedas sacar el máximo provecho de tu vida en la Tierra.

"Incluso puedes cambiar los puntos de salida en tu plan de vida para que tu alma pueda elegir el mejor momento para que tu cuerpo físico muera. Esta decisión será tomada por tu alma basada en las experiencias que has encontrado y las lecciones que has aprendido (o no aprendido)."

"Parece un sistema bien organizado", estuve de acuerdo. "Lo único que falta es poder recordar lo que está en mi plan de vida cuando estoy de vuelta en mi cuerpo humano. Eso haría mi vida mucho más fácil."

"Tu amnesia del plan de vida es una parte importante de todo el esquema. Si supieras lo que estaba en tu plan de vida tu vida en la Tierra sería demasiado fácil. Sería como si tu profesor te diera las preguntas y respuestas a un examen final antes de la prueba. Tratar de averiguar lo que habías planificado para ti mismo es uno de los mayores desafíos que enfrentas en la Tierra. Es la razón por la que la Tierra es una de las escuelas más difíciles del Universo. Todos los humanos deberían darse una gran palmadita en la espalda porque tomó mucho coraje para encarnar en tu duro y difícil planeta."

Aunque sabía que Alberto tenía razón, todavía estaba frustrado por mi incapacidad para recordar los detalles de mi plan de vida. En los años anteriores a conocer a Alberto, había estado buscando respuestas a todas las "grandes preguntas" de la vida: ¿Quién soy? ¿Por qué estoy aquí? ¿Qué se supone que debo lograr durante mi vida? ¿Dónde voy después de morir? Cuando recordé mis conversaciones anteriores con Alberto, tuve que reconocer que me dio buenas respuestas a la mayoría de mis preguntas, que escribí en *Danzando en una estampilla*.

A pesar de que tuve gran consuelo por las revelaciones de Alberto, su respuesta a mi pregunta sobre lo que se suponía que debía lograr en mi vida me dejó solo parcialmente satisfecho. Entendí que se suponía que debía vivir mi vida de acuerdo con el plan de vida que había creado antes de nacer, a pesar de que no se me permitió recordar lo que estaba en este plan para mi vida. Cuanto más pensaba en ello, más insatisfecho me sentía con su respuesta. Aunque era reconfortante saber que había un plan para mi vida, uno que yo había creado, todavía no sabía ningún detalle sobre mi propósito de estar aquí. Tal como estaba ahora, solo podía adivinar acerca de mi propósito de vida, y nunca sabría si estaba en camino o lejos de rumbo hasta después de morir. La justificación de Alberto para las vendas de los ojos que estamos obligados a usar en la Tierra tenía sentido, aunque me preguntaba si había un punto medio en este tema. ¿Había alguna manera de determinar la dirección general que deberíamos seguir sin conocer todos los detalles?

Alberto me dijo que no debería preocuparme por los detalles de mi plan de vida porque no importa cuánto me alejara del curso siempre regresaría al lado del espíritu cuando mi vida en la Tierra hubiera terminado. Cualquier cosa que echara de menos en esta vida podría ser experimentada en otra vida, ya que podía encarnar una y otra vez hasta que hubiera encontrado todo en la Tierra que necesitaba para mi evolución.

Pero este conocimiento no me ayudó tanto en esta vida. A pesar de que yo era un alma eterna sin límite de tiempo ni calendarios para mi evolución, no disfruté de la perspectiva de que pudiera tener que vivir cientos de vidas más en este planeta, tambaleando a ciegas hasta que logre de alguna manera experimentar todas las cosas en mi lista. Tenía que haber una mejor manera de manejar este dilema.

La respuesta de Alberto sobre este tema me recordó el teorema infinito del mono que había debatido con mis compañeros de cuarto de la universidad hace mucho tiempo: si tienes un mono sentado en un teclado y golpeando aleatoriamente las teclas durante una cantidad infinita de tiempo, ¿escribiría eventualmente la Biblia completa, palabra por palabra? La respuesta a este enigma filosófico no es importante, a pesar de que su parecido con la aleatoriedad potencial de mi vida en la Tierra era algo inquietante.

No disfruté la idea de tomar una eternidad para graduarme de este planeta para poder pasar a la siguiente etapa de mi evolución. Estaba ansioso por explorar el vasto Universo y los millones de planetas con formas de vida, y no quería quedarme en la Tierra más tiempo de lo necesario. El Universo me estaba llamando, y no quería hacerlo esperar.

Tenía la sensación de que Alberto había estado ocultando algo cuando respondió a mi pregunta sobre el propósito de mi vida —y decidí volver a examinar este tema.

"Puedes decirme, Alberto, ¿cómo puedo saber más sobre mi propósito de vida? ¿Cómo puedo descubrir la dirección general que debo de seguir?"

Alberto cedió a mi persistencia y respondió: "Hay maneras para que veas destellos de tu plan de vida y tu propósito en esta vida, aunque nunca se te permitirá ver todos los detalles. Permítame describir algunos pasos simples que te proporcionarán alguna orientación."

"Para empezar, debes entender que no tienes un solo propósito principal en la vida—has tenido un propósito de vida diferente para cada etapa de tu vida hasta ahora. Cuando eras un niño pequeño, el propósito de tu vida era explorar tu entorno, aprender cosas nuevas y divertirte. Una vez que comenzaste la escuela, el propósito de tu vida era enfocarte en completar tu educación formal y aprender a interactuar con otros en tu sociedad."

"Cuando completaste tu educación formal, el propósito de tu vida era elegir una carrera que te hiciera feliz y satisfecho, casarte con la mujer de tus sueños y criar a tus hijos. Cuando te retiraste de la abogacía, tu propósito de vida cambió una vez más."

"La parte más difícil para todos es elegir una carrera porque hay tantas opciones. Entonces, ¿cómo saber si la carrera que eliges es adecuada para ti? Si estás ansioso por ir a trabajar la mayoría de los días, y generalmente disfrutas de tu trabajo, estás en el camino correcto. (Ten en cuenta que nadie disfrutará de su trabajo el 100 por ciento del tiempo.) Tienes el trabajo correcto si puedes llegar a estar totalmente absorbido con tu trabajo de vez en cuando sin ser consciente del paso del tiempo. Pero, si tienes que arrastrarte al trabajo todos los días, probablemente deberías estar buscando un nuevo trabajo. Tus sentimientos acerca de tu carrera se ven afectados por los mensajes que recibes todos los días de tu alma y tus guías espirituales. Si estás fuera del camino y no has encontrado el propósito de tu vida para ninguna etapa de tu vida, estos mensajes reforzarán tu sensación de que tu vida está desequilibrada de alguna manera. Debes prestar atención a este consejo sutil y hacer los cambios que necesitas para volver a encarrilarte."

"Una vez que entiendas que los cambios son necesarios, la tarea más difícil es averiguar qué deberías hacer a continuación. Muy a menudo tu guía surgirá de eventos externos que notarás en tu vida—especialmente eventos casuales. Debes estar vigilante para reconocer estas señales y entender lo que significan. Por ejemplo, podrías notar un nuevo rótulo en tu camino al trabajo que atraiga tu atención, una que promocione las virtudes de una empresa de la que nunca has oído hablar antes. Si encuentras que hay algo convincente en este letrero, y continúas pensando en ello durante todo el día, puede ser una señal de que debes buscar un trabajo con esta empresa."

"Si por casualidad recibes una llamada telefónica de un ex compañero de clase con quien no has hablado en años, presta especial atención a lo que dice esta persona; sus palabras pueden contener una pista oculta para guiarte en la dirección correcta. Tus guías te enviarán mensajes a través de muchos canales diferentes, y debes estar alerta para reconocerlos por lo que son."

"Si estas frustrado por no poder descubrir el propósito de tu vida en cualquier etapa de tu vida, debes practicar la meditación de forma regular. Esto te ayudará a calmar tu mente y te permitirá escuchar mejor los mensajes y reconocer las señales que te envían."

"Desafortunadamente, no hay una manera fácil de determinar el propósito de tu vida una vez que te conviertes en un adulto. Es un desafío para todos los humanos—sin embargo, uno que se puede superar con esfuerzo concertado y paciencia. Como te he dicho anteriormente, es por eso que la vida en la Tierra no es un paseo en el parque."

Salimos del Salón de Planificación y Alberto me guio a mi dormitorio una vez más, donde me deslicé de nuevo en mi cuerpo. A la mañana siguiente recordé mi visita al Salón de Planificación con vívidos detalles, lo que me ayudó a entender el proceso de planificación antes del nacimiento, aunque todavía no era más sabio acerca de los detalles de mi propio plan de vida. Decidí pedirle a Alberto que me llevara de vuelta al Salón de los Registros para poder ver algunas de mis vidas pasadas, con la expectativa de que esto arrojaría luz sobre lo que necesitaba experimentar en esta vida. Realmente esperaba que las cosas buenas que había hecho en mis vidas anteriores superaran a las malas.

Capítulo 13
Recordando vidas pasadas

Estaba listo para Alberto, cuando regresó para nuestro próximo viaje astral. Tan pronto como llegamos a nuestro lugar de reunión habitual, tiré suavemente de su manga y pregunté: "Antes de llevarme a cualquier lugar, tengo una petición. ¿Podemos volver al Salón de los Registros? Me gustaría revisar algunas de mis vidas pasadas para ver si esto me ayudará a entender mejor mi propósito en esta vida."

Alberto se encogió de hombros y respondió: "Sabes que no puedo revelar tu plan de vida para esta vida, pero puedo mostrarte varias de tus vidas pasadas, siempre y cuando me dejes elegir las que te ayudarán a entender los desafíos en tu vida actual."

"Bien conmigo, Alberto, guía el camino."

Seguí a Alberto a través de la puerta hacia el lado del espíritu y luego hacia el Salón de los Registros, donde Alberto anunció su plan. "Voy a mostrarte una vida que tuviste en la Antigua Grecia. Fuiste un erudito que estudió astronomía, y fuiste reconocido en toda Atenas como un experto en tu campo, aunque muchos ciudadanos creían que tus enseñanzas eran demasiado radicales. Te mostraré una escena cuando tenías treinta y cuatro años y enseñabas a un joven llamado Demas."

Cuando la escena en el globo holográfico se enfocó, pude verme a mí mismo como un hombre en su mejor momento físico —alto y delgado, con el cabello negro oscuro tocando mis hombros y una barba cuidadosamente recortada. Llevaba una túnica blanca corta atada a la cintura con una faja negra, con sandalias en los pies. Demas, que estaba en su adolescencia, se sentó con las piernas cruzadas en un pequeño banco, escuchando atentamente mi clase.

Escuché mi discurso con gran fascinación. "Hoy, Demas, te enseñaré sobre nuestro planeta y sus vecinos más cercanos— según lo registrado por los antiguos videntes que adquirieron este conocimiento hace siglos de una raza alienígena que viajó aquí desde la constelación de Orión. Estos registros han sido transmitidos secretamente de erudito a erudito a lo largo de los siglos, y ahora tengo la responsabilidad de mantenerlos a salvo hasta que los comparta contigo."

"Contrariamente al pensamiento actual, los registros de los antiguos videntes revelan que la Tierra no es el centro del Universo. La Tierra gira alrededor de nuestro sol, que es una pequeña estrella cerca del borde exterior de una galaxia que contiene miles de millones de estrellas. Nuestro sol tiene nueve planetas en su sistema, siendo la Tierra el tercer planeta cercano al sol. Ninguno de los otros planetas tiene vida tal como la conocemos en la Tierra, aunque Marte sostuvo vida hace eones."

"Según los antiguos videntes, hace millones de años Marte tenía océanos y ríos y una atmósfera similar a nuestro planeta hoy en día. Tenía muchas formas de vida y plantas diferentes, algunas de las cuales eran como las que se encuentran en la Tierra hoy en día. También fue el primer hogar para los humanos en nuestro sistema solar. Una raza de extraterrestres (ETs) de Orión sembró vida humana en Marte mucho antes de que los humanos llegaran a la Tierra. Marte fue elegido como el primer lugar de nacimiento para los seres humanos debido a su clima y atmósfera favorable. En ese momento, la Tierra todavía estaba en sus etapas formativas con cientos de volcanes activos y una atmósfera tóxica."

"La civilización humana en Marte comenzó en una etapa primitiva, con los humanos sosteniéndose a sí mismos como cazadores-recolectores. Sin embargo, con mucha ayuda de los extraterrestres, progresaron rápidamente en una era tecnológica—mucho más rápido que los humanos en la Tierra. Fue un experimento para ver si los humanos podían manejar rápidos avances tecnológicos sin consecuencias trágicas. Los extraterrestres ayudaron a los humanos a construir grandes estructuras con sus dispositivos antigravedad, les mostraron cómo aprovechar el poder de los cristales, y les enseñaron cómo curar lesiones y prevenir enfermedades."

"Desafortunadamente, los extraterrestres fracasaron miserablemente cuando se trataba de las emociones humanas.

Los humanos se habían vuelto mucho más inteligentes y conocedores con la ayuda de los extraterrestres, excepto que no habían progresado tanto con la inteligencia emocional. Todas las emociones negativas, como el miedo, el odio, la ira y la codicia, eran todavía muy frecuentes entre los humanos, y esto llevó a consecuencias desastrosas."

"Con su avanzada tecnología comenzaron a investigar los asteroides que orbitaban el sol entre Marte y Júpiter. Aprendieron que muchos asteroides eran ricos en minerales que Marte necesitaba para sostener su civilización. Así que a algunos de sus científicos se les ocurrió un plan para desarrollar un poderoso tractor de luz que podría ser utilizado para arrastrar uno de los asteroides a una órbita alrededor de Marte donde podría ser extraído fácilmente. Pero otros grupos se opusieron a este plan porque temían que esta tecnología no fuera lo suficientemente refinada como para asegurar que el asteroide no se saliera de control y se estrellara contra el planeta, y no querían correr el riesgo."

"Los proponentes de este esquema estaban decididos a proceder, ya que estaban seguros de que su plan sería exitoso sin consecuencias desastrosas. Sus oponentes estaban igualmente decididos a detener este plan, y se produjo un amargo conflicto. En última instancia, el grupo proponente trató de usar este poderoso rayo de energía para sofocar la rebelión, excepto que no entendieron completamente la energía con la que estaban tratando. Terminaron desatando fuerzas que no pudieron controlar, y toda la vida en Marte pereció con la destrucción total de su civilización, convirtiendo al planeta en el desierto sin vida que es hoy."

"Los extraterrestres podían ver lo que se estaba desarrollando, aunque no se les permitió detenerlo. En cambio, recogieron a algunos de los humanos antes de la destrucción y los mantuvieron en otro planeta hasta que las condiciones en la Tierra fueron más hospitalarias. Luego comenzaron todo habitando nuestro planeta con los sobrevivientes humanos de Marte. Solo esta vez se dieron cuenta de que los rápidos avances tecnológicos sin los correspondientes avances en inteligencia emocional eran una receta para el desastre. Así que dejaron que los humanos en la Tierra se desarrollaran lentamente a su propio ritmo sin ningún salto cuántico en la tecnología."

"Hoy en nuestro planeta hemos progresado desde nuestros días primitivos, pero nuestro manejo de las emociones negativas, especialmente la codicia y el deseo de poder, todavía falta. Afortunadamente, todavía no hemos desarrollado la tecnología para destruir toda la vida en la Tierra. Debemos trabajar duro para librarnos de las emociones negativas que nos están frenando como raza. Necesitamos aprender las lecciones de nuestro pasado en Marte."

Demas se sentó allí tranquilamente, cautivado por mi discurso. Entonces, sin ninguna advertencia, un grupo de jóvenes irrumpió en la habitación, blandiendo espadas. Gritaron "muerte al hechicero" y nos apuñalaron repetidas veces hasta que nuestros cuerpos yacían inmóviles en un charco de sangre. *Tanto intento para controlar las emociones negativas*, pensé.

"¿Por qué estos hombres nos mataron?", le pregunté a Alberto.

"Pensaron que tus enseñanzas eran peligrosas y blasfemas, y temían la ira de los dioses si no detenían el sacrilegio. Debido a que tus puntos de vista eran tan radicales, creían que estabas en alianza con el diablo. Fueron impulsados por el miedo y la superstición a tomar el asunto en sus propias manos."

"Matanzas como esta han sido un acontecimiento común en la historia de la humanidad en la Tierra. Las víctimas eran a menudo personas que eran excéntricas y no encajaban en la norma. Muchos otros fueron perseguidos por el color de su piel o la religión que seguían. Los humanos siempre han tenido una tendencia a temer lo que no entienden y a las personas que se ven o actúan de manera diferente."

Me estremecí y di la vuelta hasta que Alberto agitó su mano sobre la esfera y esta escena desapareció. Aunque no me gustó la idea de ver más vidas trágicas, mi curiosidad se despertó, y volví al globo holográfico mientras Alberto conjuraba una nueva imagen.

Esta vez yo era un hombre en mis treinta años en Inglaterra en el siglo XVIII. Yo era zapatero con una pequeña tienda en una

114

calle lateral en Manchester. Vivía con mi esposa y dos hijos pequeños, de dos y cinco años, en un pequeño espacio encima de la tienda. El negocio había sido lento durante los últimos meses, y nos habíamos quedado sin dinero. No comí en varios días, para que mi esposa e hijos terminaran la última comida. Con el invierno a la vuelta de la esquina, necesitábamos desesperadamente más carbón para quemar en nuestra pequeña estufa.

Así que me puse mi chaqueta andrajosa y salí de la tienda, caminando hacia las grandes casas de lujo cerca del centro de la ciudad. Caminé por el callejón trasero detrás de una fila de estas mansiones, con la esperanza de encontrar comida que hubiera sido desechada por los sirvientes. Noté una cubeta al lado de la puerta trasera de una gran casa de ladrillo, y me acerqué silenciosamente para obtener una mejor mirada. Estaba llena de manzanas que estaban magulladas y parcialmente podridas, obviamente no aptas para la familia de la casa. Asumí que estas manzanas iban a ser recogidas por uno de los granjeros locales y alimentadas a los cerdos.

Miré alrededor para ver si alguien estaba mirando, pero no note a nadie. Así que rápidamente agarré seis de las manzanas, que guardé en el bolsillo de mi abrigo. Giré para escapar, pero era demasiado tarde. Una fuerte mano me agarró por el hombro y me giró. Antes de que pudiera liberarme, un hombre grande que llevaba un delantal blanco me lanzo contra el suelo, gritando por ayuda. Pronto dos trabajadores más de la cocina salieron corriendo por la puerta y me ataron las manos detrás de la espalda. El hombre grande envió a uno de los otros a la calle para encontrar a un guardia. El agente llegó poco después y, después de escuchar que había intentado robar manzanas de la cocina, me llevó a la estación y me arrojó a una celda de la cárcel.

Estuve encerrado durante varios días, subsistiendo de pan viejo y agua viscosa, sin ninguna forma de contactar a mi esposa. Entonces, un día me llevaron de la celda a una sala presidida por un magistrado. El agente que me arrestó explicó al tribunal que me habían atrapado en el acto de robar manzanas de una residencia privada. A pesar de mi petición de que las manzanas medio podridas habían sido dejadas fuera de la cocina como alimento para los cerdos, y que yo las había llevado para alimentar a mi familia hambrienta, el magistrado me condenó por robo y me sentenció a muerte por la horca.

Una semana después, me sacaron de mi celda y marcharon hasta el patíbulo que estaba al lado de la cárcel. Era el día de mi ejecución, y la plaza estaba llena de espectadores que habían venido a ver el espectáculo. Con las manos atadas detrás de mi espalda, me colocaron sobre la puerta de la trampa con una soga alrededor de mi cuello y una capucha negra sobre mi cabeza. Entonces escuché el crujir de una palanca, y el suelo desapareció debajo de mí. Colgué allí por una fracción de segundo hasta que la gravedad ganó el día, y caí hasta que llegué al final de la soga...

Tuve que apartar la mirada de esta escena, que me pareció aterradora y repugnante, aunque sabía que mi alma había sobrevivido al ahorcamiento.

"¿Cómo podría una supuesta sociedad civilizada dejar que esto suceda?", le pregunté a Alberto. "Esas manzanas no eran de uso para esas personas, aunque podrían haber proporcionado el alimento muy necesario para mi familia hambrienta. ¿Cómo pudieron haber sido tan crueles? ¿Qué tipo de sistema de justicia impone la pena de muerte por robo menor? ¿Qué pasó con mi esposa y mis hijos después de eso?"

"Tuvieron que recurrir a la mendicidad por comida en la calle, ya que tú eras el único que podía hacer zapatos para generar ingresos. Ese invierno, durante un mal período de frío, murieron congelados, acurrucados bajo unas cuantas mantas finas, porque no tenían leña ni carbón para alimentar su estufa", explicó Alberto.

"Así que la grave injusticia que me impusieron resultó en sufrimiento y muerte para mi familia, que eran inocentes de cualquier delito. Esto fue totalmente asqueroso y vergonzoso."

Alberto asintió con la cabeza y respondió: "En aquellos días, las personas privilegiadas eran a menudo egocéntricas, con poca consideración por los pobres. Ellos no sentían ninguna

116

compasión por sus semejantes humanos y casi nunca perdonaban a nadie por sus fechorías, por menores que fueran. Lo que te sucedió en esa vida era bastante típico para esa sociedad, por impensable que te parezca ahora. La buena noticia es que los humanos han hecho mucho progreso en los últimos siglos en el trato con personas desfavorecidas, aunque todavía hay sociedades en tu mundo que no han avanzado mucho desde estos días oscuros que acabas de presenciar."

"Como una nota aparte, Alberto, antes de conocerte, a menudo me preguntaba si me habían colgado de la horca en una de mis vidas anteriores. Tengo un parche oscuro de piel en la parte delantera de mi cuello, como una marca de nacimiento, y siempre he odiado los cuellos apretados en mis camisas. Ahora creo que sé por qué—se deriva de ese horrible día hace mucho tiempo cuando fallecí al final de una soga."

"Es probable que tengas razón al respecto, ya que los recuerdos residuales de vidas anteriores a veces se filtran a vidas posteriores, a menudo en forma de anomalías físicas", coincidió Alberto. "Deberías saber, sin embargo, que esta no fue la única vez que moriste de una tráquea constreñida. Una vez fuiste estrangulado por tu esposa para detener tus ruidosos e incesantes ronquidos, y en otra vida fuiste estrangulado por el jefe de la tribu para asegurar de que ninguno de tus estúpidos genes pudiera ser transmitido a la siguiente generación. ¡No es de extrañar que seas sensible sobre tu cuello!"

"¿Por qué no seguimos con mis vidas pasadas, Alberto? No estoy de ánimo para tu humor macabro."

"Bien, entonces", admitió Alberto con una sonrisa sarcástica. "Permíteme mostrarte una escena de otra vida llena de acontecimientos que te enseñó una lección muy valiosa."

Me enfoqué una vez más en el globo mientras los remolinos azules y blancos dieron paso a una nueva escena que mostraba Wyoming en los años 1870. En esta vida yo era un jugador que viajaba de pueblo en pueblo jugando al póquer en los salones locales. Cuando no estaba jugando, practicaba a desenfundar y disparar mi pistola de seis tiros una y otra vez hasta que me volví más rápido y preciso que la mayoría de otros hombres—un talento que me había servido bien en muchas ocasiones.

La escena en la esfera se enfocó en un pequeño pueblo fronterizo en el viejo oeste. Monté mi caballo hasta llegar el pueblo, lo até en el poste, y caminé a través de las puertas dobles en el salón. Escudriñe el salón mientras bebía una cerveza, buscando un juego de póquer para unirme. Me di cuenta de una mesa con mucho dinero en efectivo y una silla vacía. Me acerqué a la mesa y pedí unirme al juego. Rápidamente estuvieron de acuerdo cuando saqué un gran rollo de billetes de mi bolsillo. Me repartieron en la siguiente mano, y en un par de horas había limpiado a todos menos a uno de los jugadores. Era un hombre gordo que parecía un comerciante. Había estado bebiendo mucho toda la tarde, lo que no ayudó con su juego. En la última mano, él lo apostó todo y yo igualé la apuesta. Él mostró una gran sonrisa mientras me mostraba su mano—reyes sobre ochos, pero su sonrisa se convirtió en una expresión de coraje cuando presenté mis tres reinas.

Inmediatamente se puso de pie y me acusó de hacer trampa. No respondí mientras recogía mis ganancias y caminaba hacia la puerta. El pequeño hombre regordete se enfureció, gritando una vez más que yo era un tramposo mientras me desafiaba a un tiroteo en la calle. Sabía que podía superar fácilmente a este hombre tonto, y no quería matarlo, así que continué mi salida por la puerta para subirme a mi caballo. El pequeño hombre me siguió fuera del salón, gritando en voz alta que yo era un tramposo y un cobarde. Una pequeña multitud se había reunido cerca para escuchar el intercambio. Hice todo lo posible para ignorar las burlas, pero sus insultos estridentes eran irritantes y muy hirientes para mi orgullo. A nadie le gusta ser llamado tramposo y cobarde frente a una multitud de personas, especialmente porque nunca antes me había alejado de un desafío.

Y, así el lado oscuro ganó el día mientras ignoraba el pequeño susurro en mi cabeza que me suplicaba que saliera de la ciudad. Me volví hacia el pequeño hombre furioso y acepté su desafío.

Ambos caminamos hasta el centro de la calle y nos quedamos allí uno frente al otro, preparados para la acción. Después de unos segundos, mi oponente, que estaba sudando profusamente, sacó su arma. Rápidamente desenfundé la mía y lo tumbé con un tiro limpio en su pecho. Ni siquiera había sido capaz de sacar su arma completamente de su funda. Me subí a mi caballo y lentamente salí de la ciudad. No me sentía eufórico ni orgulloso de mí mismo, y decidí entonces ahí mismo que mis días de juego habían terminado. Sabía que el pequeño hombre gordo no había merecido morir de esa manera, y decidí tragarme mi orgullo en el futuro.

Así que giré mi caballo y volví al pueblo. Pude ver a la viuda del muerto abrazando su cabeza contra su pecho y llorando en silencio. Ella me miró con ojos temerosos mientras me acercaba. Le dije que lo sentía por matar a su marido y le entregué todo el dinero que había ganado en la mesa de póquer. Cabalgué fuera del pueblo sintiéndome bien por mi regalo a la viuda, aunque nada compensaría mi pecado de orgullo que le había costado la vida a este hombre.

"Me siento horrible por ese incidente, Alberto. Me avergüenza todo el sufrimiento que causé por mi orgullo herido."

"Esta fue una de las lecciones importantes que aprendiste en tus viajes en la Tierra. Con el fin de apreciar plenamente esta experiencia, planificaste tu próxima vida como alguien que estaría en el extremo receptor de la violencia derivada de una supuesta violación del honor."

La esfera ahora mostró una nueva escena en la India a principios del siglo XX. En esta vida, yo era una chica guapa en su adolescencia, con el cabello largo y oscuro, la piel marrón clara y los ojos grandes de color avellana. En este día llevaba un sari de seda turquesa con zapatillas doradas en mis pies, y estaba sentada en una habitación grande amueblada con sofás y sillas de brocado, elegantes mesas de teca y una intrincada alfombra de lana en el suelo. Sentados frente a mí estaban mis padres de cara sombría que estaban decididos a ganar una discusión con su hija, que se hizo más fuerte y más animada con cada minuto que pasaba.

Alberto explicó que mis padres, que eran comerciantes adinerados, habían seguido la costumbre de su sociedad al arreglar mi matrimonio con un joven de otra familia acomodada que era considerada en alta estima. Mis padres acababan de revelarme este plan, y yo estaba muy molesta. Yo era un espíritu rebelde, y pensaba que la costumbre de los matrimonios arreglados era anticuada y abusiva. Creía que debía poder elegir libremente a mi esposo—alguien a quien podría amar por el resto de mi vida. Les dije a mis padres que no me casaría con el joven que habían elegido para mí porque nunca lo había conocido y ciertamente no lo amaba. La discusión continuó durante varias horas, e incluso las lágrimas que corrían por mi rostro no disuadían a mis padres. Dijeron que habían dado su palabra a la otra familia, y que sería un terrible deshonor para nuestra familia si el matrimonio no procediera según lo planificado.

Al darme cuenta de la inutilidad de mi posición, corrí desde la habitación y subí las escaleras a mi dormitorio, donde me arrojé a la cama, sollozando incontrolablemente. Nadie vino a consolarme, ni siquiera mi madre. Todos los días durante las próximas semanas le supliqué a mis padres que cancelaran mi matrimonio y me dejaran elegir a mi propio esposo. Pero mis súplicas cayeron en oídos sordos, y se negaron a cambiar sus planes.

A medida que se acercaba el día de la boda, me volví cada vez más desesperada por una forma de evitar que un extraño se introdujera en mi vida como mi esposo. No podía divisar más allá que una vida miserable de vivir con un hombre al que no amaba. *¿Cómo podían mis padres ser tan testarudos?*, me pregunté. *¿Cómo podían ignorar los deseos de su única hija? — alguien a quien solían adorar como si yo fuera la niña más preciosa del mundo.*

Era obvio que tenía que hacer algo o mi peor pesadilla se haría realidad. Así que dos días antes de la boda, salí de mi casa a altas horas de la madrugada y corrí por la calle, sin saber a dónde iba ni qué iba a hacer. Terminé en una casa de huéspedes a varios kilómetros de mi casa, alquilando una habitación pequeña con el dinero que había escondido en mi habitación. Solo tenía una bolsa llena de ropa y joyas. Llevaba un sari oscuro y sin adornos para no llamar la atención. La señora que dirigía la casa de huéspedes sospechaba que yo había huido de casa, aunque ella no dejó saber que sabía. Ella estaba feliz de tomar mi dinero y guardar silencio hasta que pudo determinar mi verdadera identidad y recoger cualquier recompensa que mi familia pudiera haber publicado.

Mis padres estaban preocupados a la mañana siguiente cuando no vine a desayunar, y temerosos cuando encontraron mi habitación vacía. Pero luego se enfurecieron cuando leyeron la nota que les había dejado:

Querida Madre y Padre,
No puedo continuar con el matrimonio que ustedes han arreglado para mí. He tratado de disuadirlos de no proceder con este plan en las últimas semanas, pero se han negado a cambiar de opinión. Lamentablemente, ahora no tengo más remedio que salir de esta casa y hacer mi propio camino en la vida, con suerte encontrar un hombre amable y amoroso con el que pueda casarme—alguien que me ame y proteja como cualquier esposo debería. Sé que en mi corazón hay tal hombre ahí afuera, y lo encontraré. Espero que lleguen a sus sentidos en algún momento y me den la bienvenida de nuevo en sus brazos. Excepto por su insistencia en mi matrimonio forzado, siempre han sido padres amables y amorosos, y les agradezco todo lo que han hecho por mí. Siempre los amaré con todo mi corazón. Por favor, perdónenme por hacer esto, pero no tengo otra alternativa.
Su amada hija, Riya

Inmediatamente recorrieron el vecindario y notificaron a la policía, pero no me encontraron. La boda tuvo que ser cancelada, para la vergüenza y deshonra de mis padres, el novio y los padres del novio. Mis padres se convirtieron en objeto de chismes y ridículo del pueblo, y cada día mi padre se irritaba más por mi desobediencia. Se enfureció ante la inimaginable

121

humillación y deshonor que tuvo que sufrir a causa de mis acciones.

Tuve mucho cuidado en las semanas siguientes de permanecer escondida en mi habitación, aventurándome solo cuando era necesario con mi cabeza mayormente cubierta. Entonces, un día, la señora de la casa se enteró de la desaparición de la hija de una prominente familia de comerciantes, e inmediatamente conectó los puntos. Ella contactó discretamente a mi padre para reclamar la recompensa.

Poco después, mi soledad se rompió cuando mi padre irrumpió en mi habitación. No me abrazó como un padre amoroso que ha encontrado a su hija desaparecida. En cambio, se me acercó amenazantemente mientras me encogí en la esquina, su cara una máscara de rabia. Sin decir una palabra, sacó un cuchillo largo de su faja y me apuñaló una y otra vez en mi pecho y vientre. Grité y me caí al suelo en un charco de sangre, mientras la visión de mi padre flotaba sobre mí y se atenuaba lentamente y daba paso a la oscuridad.

Mientras observaba esta escena horrible, pude sentir una vez más la angustia y la traición que había sentido en esa vida cuando mi padre me apuñalaba repetidamente. Entonces, para mi alivio, Alberto agitó su mano sobre la esfera y esta escena desapareció.

"Esto fue terrible, Alberto. ¿Qué pudo haber poseído a este hombre para matar a su única hija a sangre fría?"

"En esta sociedad tenían un sentido del honor muy fuerte, pero desesperadamente equivocado", respondió Alberto. "Para este hombre, el honor era más importante que cualquier otra cosa. Tú negativa a casarte con el hombre que habían elegido para ti fue, en su visión distorsionada, el último acto de deshonor, que desató su ira y odio incontrolable. Tu desobediencia fue tan vergonzosa y humillante para él que su amor por ti fue totalmente abrumado por su orgullo herido. Así que sintió que no tenía otra opción que matarte para redimir el honor de su familia. Este fue un buen ejemplo de emociones negativas que superaron al amor y la compasión."

"En tu vida como jugador, dejas que tu orgullo te incite a matar a un tonto. Cuando sufriste una trágica muerte en esta vida a manos de tu padre, fuiste entonces capaz de entender verdaderamente el gran daño que a menudo resulta del falso orgullo y el falso honor."

"El orgullo auténtico, que es un sentimiento de logro y satisfacción con tu trabajo, o con los logros de tu familia, es algo bueno. Te estimula a hacer lo mejor posible en todos tus esfuerzos y a apreciar esfuerzos similares por parte de tus amigos, familiares y compañeros de trabajo. El falso orgullo, sin embargo, proviene de la vanidad y la inseguridad. Puede incitarte a arremeter contra aquellas personas que no te tienen a ti y tus talentos en alta estima que crees merecer. El falso orgullo puede causar mucho daño cuando te esfuerzas por demostrar que tus opositores están equivocados de una manera negativa."

"Del mismo modo, el honor auténtico es un imperativo autoimpuesto que te motiva a ser honesto, justo y compasivo con todos para ganarte su admiración y respeto. El falso honor es una expectativa injustificada de que tu familia debe obedecer tus deseos y adherirse a las costumbres de la sociedad, de lo contrario serás humillado y avergonzado a los ojos de tus compañeros. Como acabas de presenciar en tu vida en India, el falso honor puede separar a las familias con el odio y la ira que a menudo genera."

"Debes entender que es difícil perder tus emociones y acciones negativas si prestas demasiada atención a lo que los demás piensan de ti. Si quieres liberarte del lado oscuro, debes aprender a ignorar los comentarios negativos que vienen de otros porque eres el que realmente entiende el camino que has elegido en esta vida."

Aunque todavía estaba conmocionado por la escena en la India, entendí por qué Alberto me había mostrado esa vida con su trágico final. Silenciosamente esperaba que Alberto me mostrara una vida con un resultado más feliz. Con cierta reticencia, me enfoqué una vez más en la esfera mientras una nueva escena desplazaba los remolinos.

Esta vez me vi como un joven caminando por un camino de tierra en el campo. Alberto explicó que yo era hijo de un campesino pobre en la Francia del siglo XVI que había sido enviado a la aldea local para comprar una hogaza de pan. Los tiempos fueron difíciles para mi familia, ya que la cosecha de ese año era inferior a la norma y no sabíamos si tendríamos suficiente comida para sobrevivir al invierno.

Agarré fuertemente la hogaza de pan a mi lado, sabiendo que esto era todo lo que mi mamá, papá y hermana pequeña tendrían que comer para la cena. Mi estómago gruñó de hambre mientras volvía hacia nuestra modesta casucha. Pero antes de llegar a mi casa, me encontré con un hombre lisiado sentado a la orilla del camino. Sus ropas estaban sucias y desgarradas, y sus manos estaban cubiertas de mugre. Me llamó al acercarme: "Por favor, buen señor, ¿puedes darme un pedazo de tu pan? No he comido nada en días."

Miré en sus ojos marrones acuosos que estaban llenos de miedo y desesperación. Dudé brevemente, dividido entre dos pensamientos. Sentí lástima por este pobre hombre, y realmente quería ayudarlo. Pero también sabía que mi familia hambrienta no podía compartir nada del pan. Entonces escuché un susurro en mi mente—una pequeña voz que me suplicó que ayudara a este pobre hombre. Así que partí el pan por la mitad y le di una de las piezas. Sus ojos brillaron con amor y gratitud, y me mostró una cálida sonrisa. Murmuró su agradecimiento mientras rompía pequeños trozos y los metía en su boca.

Continué mi caminata de vuelta a casa, ahora muy asustado de lo que mis padres dirán cuando llegué con solo medio hogaza. Tan pronto como entré por la puerta, compartí mi historia sobre el hombre lisiado—totalmente esperando ser castigado por mi tontería. Para mi sorpresa, escucharon en silencio hasta que terminé y luego me abrazaron calurosamente. Me dijeron que había hecho lo correcto, y que nos conformaríamos con solo medio hogaza. Aunque me fui a la cama hambriento esa noche, me sentí bien al ayudar al hombre lisiado y aliviado de que mis padres no estuvieran enojados conmigo.

Dos días después, durante la tarde, alguien toco nuestra puerta. Era el hombre lisiado que había suplicado la mitad de nuestro pan. Entró en nuestra choza y vació su bolsa sobre nuestra mesa. Salieron cuatro hogazas de pan, junto con una abundancia de papas, repollos y zanahorias, y varios anillos de salchichas. Sonrió mientras nos decía que la comida era nuestra para disfrutar.

Explicó que había estado en la aldea el día anterior, pidiendo comida, cuando había notado a una niña pequeña jugando en medio de la carretera. Ella era totalmente inconsciente de que un vagón tirado por caballos se acercaba en una rápida carrera, el conductor no podía verla. Nuestro benefactor se apresuró a salir al camino lo mejor que pudo, recogió a la niña, y la sacó fuera de peligro en el corto tiempo. El padre de la niña, que había sido testigo de toda la escena, le agradeció con los ojos llenos de lágrimas mientras abrazaba tiernamente a su hija. Como recompensa por este valiente acto, el padre le dio una bolsa llena de comida y lo contrató para que ayudara a hornear pan en su panadería. Debido a que el hombre lisiado sabía que ahora podría alimentarse a sí mismo en el futuro, había decidido darnos todo este alimento como pago por nuestra generosidad.

Lo abrazamos y nos despedimos mientras volvía a la aldea. Nunca volví a ver a este hombre, y el panadero me dijo que había desaparecido poco después de salvar a su hija. Sentí que este hombre lisiado era alguien especial que había aparecido en esa vida para enseñarme sobre la magia de la compasión y la generosidad, pero Alberto no quiso comentar sobre su verdadera identidad.

Esta escena desapareció de la esfera, y le agradecí a Alberto por mostrarme este episodio de esa vida. Me sentí bien por lo que había hecho y humilde por las acciones del hombre lisiado. Decidí recordar esta lección cuando regresé a mi vida en la Tierra.

Alberto movió su mano sobre el globo una vez más y otra nueva escena apareció. Alberto explicó que esta era una vida que tuve en Viena en el siglo XVII. Yo era hija de un conde y viví una vida de lujo mimada en nuestro opulento palacio con mi madre, mi padre y mi hermano mayor. Mi padre y mi madre eran muy ricos, ya que ambos venían de una larga línea de nobleza en Austria.

Tenía quince años y seguía soltera, con el cabello largo y oscuro, y ojos verdes radiantes. Me encantaba vestirme con vestidos largos de seda y usar brazaletes de oro incrustados con joyas preciosas. La escena se centró en mi dormitorio, que estaba ricamente decorado con intrincados tapices de pared, elegantes muebles de roble y nogal, y una gran cama con dosel. Me despertaba de una noche de sueño cuando una de mis sirvientes entraba con una bandeja de desayuno cargada de frutas frescas y pasteles, zumo de naranja y una taza de té. Tan pronto como la criada se fue, mi dama de honor, Anna, entró en mi dormitorio y se sentó en una silla junto a mi cama. Pude ver que tenía algo en su mente, así que le pedí a ella que hablara sobre sus preocupaciones.

Anna me dijo que el día anterior había atrapado a María, una de las criadas que cuidaba de mi habitación, robando una pulsera de oro de mi joyero. Dijo que María había confesado, sollozando de miedo y arrepentimiento, mientras explicaba que necesitaba el brazalete para comprar la libertad de su hermana como esclava en el norte de África. Unos meses antes, su hermana había sido capturada por piratas argelinos cuando viajaba por Palestina con un grupo de comerciantes en una misión comercial. Los piratas habían atacado la caravana por la noche, matando a todos los hombres y capturando a las mujeres como esclavas. Su hermana fue finalmente vendida a un comerciante rico de Egipto. María nunca supo lo que le había pasado a su hermana, aunque temía lo peor.

Dos días antes, María había tropezado con su hermana en el séquito del comerciante en uno de los mercados de Viena. María supo del amo de esclavos que su hermana podía ser comprada de la esclavitud por una gran suma de dinero. Dado que el comerciante y su séquito saldrían de Viena en la próxima semana para regresar a casa, sabía que tenía que actuar rápidamente si esperaba salvar a su hermana.

Anna confió que no le había contado a nadie sobre este incidente porque quería hablar conmigo primero. Anna temía que María fuera severamente castigada si su crimen era reportado, y ella no deseaba que eso sucediera porque ella estaba muy encariñada con María. Las lágrimas brotaron en los ojos de Anna mientras ella me suplicaba que ocultara el crimen a mi padre. Ella me dijo que la pulsera había sido devuelta a mi estuche de joyería y no se había hecho daño. Anna me recordó que María era realmente una buena persona que había actuado por desesperación para salvar a su hermana de una vida de esclavitud.

Me gustaba mucho María, y yo admiraba y respetaba mucho a Anna. Sabía que mi padre estaría furioso si se enterara, y se encargaría de que María fuera castigada en toda la extensión de la ley.

Tenía una extensa colección de joyas preciosas y valiosas, y nunca hubiera extrañado esta pulsera de oro si María hubiera podido lograr su hazaña. Así que tomé una decisión rápida y le pedí a Anna que buscara a María. Una Anna de cara sombría regresó varios minutos más tarde con María, que estaba llorando de miedo.

Usé mi pañuelo de encaje para secar sus lágrimas mientras le daba una sonrisa tranquilizadora. Miré sus grandes ojos y le dije que todo iba a estar bien, ya que no denunciaría su crimen a mi padre siempre y cuando ella prometiera no volver a robar. María rápidamente me hizo su promesa y me agradeció profundamente por mi generosidad. Entonces la sorprendí dándole a Anna un saco lleno de monedas de oro para que se usara para comprar la hermana de María al amo de esclavos. La sonrisa de María podría haber iluminado la habitación más oscura en un día nublado. Ella me dio las gracias de nuevo, me besó la mejilla y salió corriendo por la puerta con Anna.

Mientras me sentaba sola en mi habitación, confiaba en que había hecho lo correcto, y le agradecí a Dios que me hubiera dado el coraje de hacer una diferencia positiva en la vida de alguien.

La escena en el globo lentamente dio paso a los remolinos azules y blancos, y giré para mirar a Alberto.

"Gracias, Alberto, por mostrarme esta vida. Estoy encantado de haber sido generoso con la joven sirvienta, y solo desearía haber sido tan amable en todas mis vidas anteriores. Necesito tiempo para reflexionar sobre lo que me has mostrado hoy, y algún día me gustaría volver aquí para ver más de mis vidas pasadas."

Seguí a Alberto fuera del Salón de los Registros y de regreso hacia la Tierra. Nos fuimos a mi casa y de nuevo a mi dormitorio. Me despedí de Alberto mientras me deslizaba de nuevo en mi cuerpo. A la mañana siguiente me desperté abruptamente, reflexionando sobre todo lo que había presenciado en mi última visita al Salón de los Registros. Me sentí feliz y triste al mismo tiempo.

A pesar de que el pasado no podía ser cambiado, creía que todavía podía dar forma a mi futuro. Así que salté de la cama y decidí hacer mi mejor esfuerzo para hacer del mundo un lugar mejor. Ya sabía lo que quería preguntarle a Alberto la próxima vez que viniera—y mi corazón brincó un latido mientras esperaba ansiosamente su regreso.

Capítulo 14
Incluso los malvados van al Cielo

En los días siguientes a mi visita al Salón de los Registros para ver mis vidas pasadas, tuve sentimientos encontrados sobre esta experiencia. Me sentía culpable por el daño que había infligido a otros en el pasado, incluso si no era intencional, pero estaba eufórico por esas vidas en las que había logrado hacer algo de bien. Yo estaba muy preocupado por mi vida en la India, y me preguntaba cómo mi padre en esa vida había sido capaz de hacer frente a su revisión de vida después de que su vida en la Tierra había terminado.

Por lo tanto, todavía estaba algo preocupado por la declaración de Alberto en mi primer libro de que los asesinos y terroristas regresaban al lado de los espíritus cuando morían. Como la mayoría de la gente, fui criado con fuertes puntos de vista sobre lo que estaba bien o mal. Esperaba que las personas que violaban las leyes del país serían castigadas por sus fechorías, que yo creía que eran justas y equitativas. La Iglesia católica también me había enseñado que cualquiera que cometiera un pecado (y no se arrepintiera antes de salir de este mundo) sería juzgado y castigado por Dios. Teniendo en cuenta estos antecedentes, la idea de que un asesino regresaría al lado del espíritu después de la muerte parecía difícil de aceptar.

Así que, en su próxima visita, decidí pedirle a Alberto que explicara una vez más por qué la gente mala iba al Cielo. "¿Por qué los asesinos regresan al lado del espíritu cuando mueren?", le pregunté. "¿Por qué la gente mala termina en el mismo lugar que la gente buena? Si sé que la Fuente no me castigará por el mal comportamiento en la Tierra, ¿por qué yo elegiría ser bueno?"

Alberto me miró como mi madre a menudo hacía cuando le preguntaba por qué era hora de acostarse. "Permíteme comenzar respondiendo primero a tu segunda pregunta. Aunque la Fuente no hace reglas para que los humanos sigan en la Tierra y no los castiga por nada que hagan, las sociedades humanas han hecho sus propias leyes para mantener la paz y la seguridad para sus ciudadanos. Los humanos deben obedecer estas reglas o serán castigados por sus gobiernos seculares. Así que incluso si crees que no habrá castigo por tus crímenes en la vida después de la muerte, todavía tendrás que seguir las leyes de la tierra para evitar el castigo en la Tierra."

"Incluso si no hubiera leyes seculares en tu país, la mayoría de la gente no cometería crímenes graves porque sería contrario a su sentido innato del bien y del mal, que se deriva de los mensajes que reciben de sus guías y de su yo superior. Si tu gobierno anunciara un día que había derogado el crimen contra el asesinato, la mayoría de la gente no saldría a matar a alguien porque intuitivamente saben que está mal. Sin embargo, habría excepciones a este patrón de conducta, al igual que hay excepciones en tu planeta hoy en día donde los asesinatos se cometen con regularidad a pesar de que está prohibido por las leyes seculares."

"La opinión de que los asesinos deben sufrir alguna forma de castigo en la vida futura es comprensible, pero equivocada. Estás mirando las cosas desde una perspectiva terrenal y basando tus creencias en lo que te han enseñado toda tu vida. Una vez que cruces al lado del espíritu, entenderás de qué se trata realmente la vida en la Tierra y por qué los criminales no son castigados en la otra vida."

"En realidad, tu planeta es como un gran teatro y todos los humanos están actuando en una obra de teatro. Ustedes escribieron su papel en esta obra cuando prepararon su plan de vida, y continúan escribiendo y reescribiendo su parte a través de sus acciones de libre albedrío en la Tierra."

"Imagina que estás actuando en una obra de teatro en la Tierra, y el guion requiere que apuñales y mates a otro actor. Cuando se cae el telón y salgas del teatro, no serás arrestado por la policía por asesinato porque era solo una obra de teatro y el asesinato no sucedió realmente. Del mismo modo, cuando el alma de un asesino vuelva al lado del espíritu, no será castigada por este acto, ya que las almas del lado del espíritu entienden que los humanos están actuando en una gran obra, y los crímenes cometidos en la Tierra son parte de esta obra. Nada de lo que sucede en la Tierra es para aferrarse, y no hay efectos duraderos que se transfieran al lado del espíritu, aparte de los recuerdos y la sabiduría obtenida de cada encarnación. El alma de la víctima del asesinato no sentirá odio o ira hacia el perpetrador, quien será perdonado absolutamente y abrazado con amor incondicional."

"¿Por qué ocurren asesinatos en la Tierra?", pregunté. "Están todos ellos planificados de antemano en nuestros planes de vida?"

"Los seres humanos infligen lesiones o la muerte a otros por una de dos razones. A veces fue planificado antes de la encarnación e incorporado a los planes de vida de las almas involucradas. En estos casos, o bien el alma que iba a ser asesinada quería experimentar una muerte violenta como parte de su evolución, o las almas de los seres queridos de la víctima querían aprender a lidiar con la muerte brutal de un miembro de la familia como parte de sus lecciones de vida. Con el fin de cumplir estos deseos, habrían reclutado a otra alma para jugar el papel del villano."

"En otros casos, el asesinato no se planificó antes del nacimiento, y el crimen se cometió cuando las acciones de libre albedrío del autor estaban indebidamente influenciadas por emociones negativas incontrolables. Estos sucesos son considerados parte de la vida en la Tierra, y el asesino no es denigrado porque todas las almas saben que las emociones negativas a menudo harán que los humanos se desvíen del rumbo. Las almas que eligen encarnar en la Tierra esperan encontrarse con acciones dañinas de vez en cuando como resultado de acciones de libre albedrío actuando sin control."

"¿Entonces qué sucede en la revisión de la vida de un asesino?", me preguntó.

"Es lo mismo que todas las otras revisiones de vida. Si el asesinato fue un evento planificado, el alma del perpetrador entenderá que fue simplemente siguiendo el guion. Si el asesinato no fue planificado, el alma analizará cuidadosamente los acontecimientos que llevaron a este crimen con el fin de comprender mejor qué hizo que se desviara tan lejos de su curso. El alma del asesino no se sentirá culpable ni avergonzada porque entenderá la verdadera naturaleza de la vida en la Tierra."

"Haces que todo suene tan simple y despreocupado", respondí. "Eso es porque ustedes están acostumbrados a tratar todo lo que sucede en la Tierra con demasiada seriedad. Si te equivocas en tus líneas en una obra de teatro escolar, es probable que se rían de tu error cuando tu parte haya terminado. Debes tratar de pensar en la vida en la Tierra de una manera similar. Necesitas aligerarte y disfrutar de tu viaje, ya que no puedes equivocarte o perderte. Siempre regresarás al lado del espíritu, independientemente de lo bien que hayas jugado tu papel en la Tierra. Puedes regresar a la Tierra tantas veces como quieras hasta que estés satisfecho con tu desempeño."

Fue difícil discutir con su lógica, que era generalmente el caso cada vez que retaba a Alberto a explicar por qué muchas de las cosas que me habían enseñado de niño eran mentira.

Todavía tenía muchas más preguntas para Alberto en mi lista, y estaba ansioso por preguntarle antes de que desapareciera en la puesta de sol. Había aprendido varias cosas sobre el pasado de mis visitas al Salón de los Registros, y me preguntaba si era posible para mí echar un vistazo a mi futuro. Esperaba que Alberto tuviera una respuesta que no decepcionara.

Capítulo 15
El futuro ya está aquí

Como la mayoría de los humanos, a menudo he contemplado el futuro y me he preguntado qué estaré haciendo el próximo año o incluso cinco años más adelante. Cuando miro hacia atrás, sé que muchos de los eventos en mi vida nunca fueron contemplados en mis sueños más salvajes. Aunque es más fácil para nosotros hacer predicciones sobre la próxima semana que el próximo año, nada es seguro, porque la vida puede dar sorpresas que parecen salir de la nada. Sería maravilloso, reflexioné, si se nos permitiera mirar hacia el futuro en ocasiones.

Según Alberto, sin embargo, el futuro es solo una ilusión que se encuentra en la Tierra, donde vemos el tiempo como una progresión lineal del pasado al presente al futuro. Alberto había explicado que en el lado del espíritu no hay pasado ni futuro, solo el presente—y todo lo que ha sucedido en el "pasado" o que sucederá en el "futuro" está sucediendo ahora en el presente. Encontré este concepto difícil de entender porque estaba tan condicionado a ver el tiempo de una manera lineal.

Dado que todos en la Tierra están atrapados con la ilusión del tiempo lineal, que nos parece muy real, tenía curiosidad por averiguar si era posible que alguien mirara hacia nuestro futuro lineal para ver lo que podría suceder. Estaba consciente de psíquicos con habilidades precognitivas que predicen eventos futuros para sus clientes, aunque me preguntaba si estas predicciones estaban realmente grabadas en piedra sin posibilidad de cambio. Sospechaba que la respuesta a esta pregunta no se encontraría en Internet o en ninguna biblioteca, así que decidí preguntarle a Alberto por sus pensamientos sobre el futuro.

Alberto no decepcionó cuando proporcionó su respuesta reflexiva: "Como te mencioné antes, la idea de que el tiempo lineal es una ilusión es un concepto muy difícil de entender para los humanos, aunque es obvio para las almas del lado del espíritu. Comprenderás esta realidad cuando regreses al lado del espíritu, pero mientras tanto permíteme darte una simple analogía para ayudarte a comprender."

"Imagina que estás parado frente a un bosque que tiene un camino que conduce a la densa espesura de árboles. Dentro de este bosque hay un laberinto de senderos que se ramifican desde el primer camino hacia una elaborada red de senderos que serpentean entre los árboles. En última instancia, todos los pasillos salen a un amplio prado en el otro lado del bosque. Pero a diferencia de algunos laberintos que existen en la Tierra, el laberinto de este bosque no tiene callejones sin salida—todos los caminos salen a la pradera a pesar de todos los giros y vueltas en el camino. En otras palabras, no es posible perderse o quedar atrapado en este laberinto; siempre encontrarás una salida que conduce a la pradera."

"Esto es similar a tu vida en la Tierra. Cuando naciste, estabas parado frente al único camino hacia el bosque. A pesar de que apenas estabas comenzando tu vida cuando diste tus primeros pasos tentativos en el bosque, todos los senderos del camino ya existían, y todos los escenarios posibles para tu futuro ya estaban en su lugar. Así que tu 'futuro' ya existía en tu 'presente'. A medida que tu vida avanzaba, tenías que elegir qué camino tomar cada vez que llegabas a una bifurcación en el camino. Tu viaje a través del bosque habría sido diferente para cada bifurcación del sendero porque te habrías encontrado con personas, lugares y eventos únicos en cada sendero."

"Antes de que nacieras, preparaste un plan de vida para tu vida en la Tierra, el cual fue diseñado para permitirte experimentar y aprender las cosas que necesitabas para tu evolución como alma. Tu plan de vida trazó un camino para ti a través del bosque que te permitiría alcanzar tus metas. Debido a que no se te permite recordar lo que pones en tu plan de vida, y tienes libre albedrío para tomar decisiones, no hay seguridad de que seguirás el camino más deseable a través del bosque. Sin embargo, no se te deja caer ciegamente en este laberinto, ya que tienes varios guías espirituales que te envían mensajes sobre qué camino tomar en cada cruce de caminos que encuentres. Estos mensajes, que te llegan como pensamientos intuitivos, presentimientos y eventos casuales, son muy sutiles y pueden ser fácilmente descartados o malentendidos."

"Además, el laberinto de caminos tiene muchas interconexiones por lo que siempre serás capaz de volver al camino, incluso si has tomado algunos giros equivocados. No importa qué ruta termines tomando a la línea de meta de tu vida, siempre experimentarás cosas que son útiles de alguna manera para tu evolución. Ningún viaje a través del bosque se desperdicia o es infructuoso; cada uno de ellos te proporcionará oportunidades de crecimiento."

"La buena noticia es que no importa qué caminos elijas mientras vives tu vida, siempre saldrás del bosque al prado del otro lado. En esta analogía, como probablemente hayas adivinado, la pradera al otro lado del bosque es el lado del espíritu, donde siempre volverás después de cada encarnación, sin importar el camino que tomaste durante tu vida."

La explicación de Alberto tenía sentido para mí, pero busqué confirmación de que realmente entendía el concepto. Así que me aventuré con mi opinión sobre su analogía: "Así que cuando nací, estaba parado frente al bosque en el único punto de entrada, y todos los escenarios posibles para mi futuro existían en todas las ramas del laberinto que ya estaban en su lugar. Una de estas rutas a través del bosque se actualizaría como mi camino de vida después de que empecé mi travesía y viajé a través del bosque hasta la pradera. Las personas, lugares y eventos que encuentro en mi viaje dependerán de dónde enfoco mi atención al elegir mi paso por el bosque. Todos los otros caminos todavía existen, a pesar de que no experimenté lo que ellos tenían para ofrecer."

"Creo que estás empezando a comprender lo básico de lo que te he dicho", admitió Alberto. "Recuerda, sin embargo, que estás luchando con un concepto que no es fácilmente asimilado por tu mente humana con sus muchas limitaciones. No es esencial para ti entender completamente este paradigma durante tu viaje en la Tierra. Tu comprensión, o falta de ella, no tendrá ningún efecto notable en el resto de tu vida. Así que no pases mucho tiempo tratando de envolver tu mente alrededor de este concepto. Tu tiempo será mejor utilizado si te enfocas en escuchar los mensajes de tus guías para que puedas vivir la vida que habías planificado antes de que nacieras."

"¿Es posible, Alberto, que un psíquico con habilidades precognitivas prediga eventos en mi futuro?"

"La respuesta corta, como Yogui Berra observó, es que las predicciones son difíciles de hacer, especialmente sobre el futuro. Y, esto es aún más difícil ahora que 'el futuro no es lo que solía ser.'"

"Pero dejando de lado la frivolidad por el momento, puedo confirmar que hay muchos psíquicos que pueden comunicarse con los espíritus más allá del velo para predecir el futuro; sin embargo, estas predicciones no están grabadas en piedra. Lo que prevén son los eventos más propensos a suceder, asumiendo que todos los factores presentes cuando se hacen las predicciones continúan en el curso normal. Por ejemplo, si un psíquico predice que se te otorgará la promoción que has estado esperando, se asume que continuarás siendo diligente y productivo hasta el momento de tu promoción. Si, sin embargo, te relajas después de escuchar que ganarás la promoción, la predicción no se hará realidad porque cambiaste uno de los factores importantes en tu vida."

"Otra posibilidad es que las acciones de libre albedrío de alguien más podrían cambiar el resultado predicho. Tal vez tu jefe será transferido a otro departamento y tu nuevo jefe no apreciará tus contribuciones tanto como tu antiguo jefe. Esto podría resultar en que otra persona obtenga la promoción."

"Predicciones como estas no tienen la intención de causar cambios importantes en tus prácticas de vida, ya que eso sería contraproducente. En el ejemplo que acabo de darte, la predicción de que ganarías la promoción tenía la intención de evitar que te preocupes por el resultado y salvarte de más noches de insomnio y días de mal humor. Mientras permanezcas en el curso, ganarías la promoción, y el tiempo intermedio sería mucho más agradable."

"A veces estas predicciones están diseñadas para estimularte a hacer un cambio en tu vida. Es posible que te digan que sufrirás problemas de salud importantes a menos que comiences a hacer ejercicio regularmente y a comer alimentos saludables. Este sería un mensaje para que cambies tu estilo de vida con el fin de evitar un ataque al corazón en el camino."

"¿Es posible", me pregunté, "que alguien del lado del espíritu vea realmente lo que el futuro depara para mí, una predicción que no se basa en suposiciones y probabilidades?"

"Hay almas avanzadas en el lado del espíritu que pueden ver el resultado real de la vida de una persona en la Tierra. Estas son almas que han completado sus encarnaciones en la Tierra y que han evolucionado a un nivel superior. Pero los espíritus que se comunican con los psíquicos no tienen acceso a esta información, o, si lo hacen, no se les permite transmitir esta información a las personas en la Tierra o a otras almas que todavía están encarnando en el plano terrestre. Por lo tanto, tu alma y tus guías no estaban al tanto de esta información cuando estaban diseñando tu plan de vida."

"Del mismo modo, si se te permitiera ver el resultado final de tu vida después de que nacieras, afectaría tus decisiones de libre albedrío y el camino que podrías tomar de otra manera."

"¿Es posible", continué, "viajar de regreso al pasado o hacia el futuro?"

"No puedes viajar al pasado e interactuar con personas o cosas de una manera física, aunque puedes observar eventos del pasado accediendo a los Registros Akáshicos. Como has visto, estos registros te permiten ver lo que sucedió en tus vidas anteriores, así como las vidas de cualquier otra persona por la que sientas curiosidad. Puedes ver estas vidas pasadas solo como un observador, y no puedes intervenir físicamente ni cambiar nada de lo que ya ha sucedido."

"No es posible para ti viajar al futuro en un sentido físico, ni puedes acceder a los registros de eventos futuros en su etapa presente de evolución. Solo a los espíritus muy avanzados, que ya no necesitan encarnar en los planos más densos, se les permite mirar hacia el futuro inmutable."

No me sorprendió la respuesta de Alberto, ya que nuestras decisiones de libre albedrío no serían realmente libres si estuviéramos agobiados con el conocimiento de los eventos futuros. Como Alberto a menudo me recordaba, no tenía sentido detenerse en el futuro. Así que decidí cambiar el tema y pedirle a Alberto información sobre dónde el encajaba en el esquema de las cosas. ¿Era un ángel o un Maestro? ¿Tenía un papel especial que cumplir?

Capítulo 16
¿Quién es Alberto?

Alberto ha sido una influencia muy significativa en mi vida desde el día que lo conocí por primera vez en el 2007. Desde entonces, me compartió muchas revelaciones que eran sorprendentes, reconfortantes, inspiradoras y a menudo alucinantes. Alberto siempre estuvo lleno de sorpresas, y nunca pude anticipar lo que me diría a continuación.

Nunca entendí completamente quién era él. Él dijo que era un alma como todas las otras almas y uno de mis guías espirituales. Admitió en un momento que él y yo habíamos vivido juntos en varias vidas anteriores en la Tierra. Aparte de eso, no sabía mucho de él. Alberto nunca habló de sí mismo a menos que yo le hiciera una pregunta directa, a la que respondería solo si sentía que era algo que yo necesitaba saber en ese momento.

A pesar de su anterior renuencia a hablar de sí mismo, me despertó la curiosidad, y le insistí a Alberto para obtener más información. Él me dijo a regañadientes que había aceptado una asignación especial del Consejo de Sabios porque sentía la obligación de ayudar de cualquier manera que pudiera.

Su asignación era ser un mensajero especial para el Consejo en la Tierra. Fue una de las almas seleccionadas para comunicarse con los humanos de manera inusual para diseminar las misivas del Consejo. Alberto confirmó que se había graduado de la escuela de la Tierra y que ya no necesitaba encarnar en este planeta, y su nueva misión era usar la sabiduría que había adquirido de sus propias vidas en la Tierra para ayudar a los humanos a hacer el cambio. Alberto reiteró que no le gustaba usar etiquetas, por lo que no confirmaría ni negaría que era un Maestro u otro tipo de espíritu especial.

Fue debido a su asignación especial que se me apareció como el hombre sin hogar, y sus conversaciones conmigo durante la escritura de *Danzando en una estampilla* fueron diseñadas para promulgar los mensajes del Consejo. Se esperaba que estas revelaciones impulsaran a los humanos a dar sus primeros pasos tentativos en el camino hacia una conciencia superior. Su encuentro conmigo en la calle ese día había sido planificado antes de que yo naciera, aunque no lo recordaba. Había sido elegido como uno de sus mensajeros porque había vivido vidas anteriores como autor, y él esperaba que algunas de estas habilidades residuales de escritura pudieran filtrarse a través de mi vida actual. Alberto confirmó que yo tenía el deber de transmitir sus verdades a las multitudes y que cualquier resistencia sería inútil—ya que el espíritu siempre gana el día, de una manera u otra.

Así que, aunque todavía no sabía mucho más sobre Alberto y su posición en el lado del espíritu, me preguntaba si él podría decirme si había una jerarquía de almas, con almas más avanzadas siendo superiores a aquellos que estaban más abajo de la escalera evolutiva.

Cuando le planteé la pregunta a Alberto, me dijo que todas las almas son consideradas iguales porque todas son parte de la Fuente. Las almas que han evolucionado a un estado más elevado no son mejores o superiores a otras almas, al igual que un estudiante en la escuela secundaria no se considera mejor que un niño en el jardín de infantes.

Las almas más avanzadas son capaces de ayudar a otras almas con su evolución, y esto les da un reconocimiento especial de todos en el reino espiritual. Estas almas altamente evolucionadas no se consideran superiores a los demás, ni esperan alabanza o homenaje. Son espíritus humildes y amorosos que disfrutan ayudando a otras almas a crecer y evolucionar, y no quieren un tratamiento especial.

Alberto admitió, sin embargo, que era útil para algunos propósitos dividir almas en diferentes categorías para ayudar al Consejo de Sabios a organizar y supervisar las encarnaciones en los planos más densos. Hizo todo lo posible para describir estas categorías de la manera más simple posible, sin restar importancia al principio primordial de que todos los espíritus son iguales a los ojos de la Fuente.

"En el primer nivel están las almas que recientemente han salido de la Fuente para comenzar su evolución explorando todo lo que la Fuente ha creado. Estas almas dejaron el amor absoluto y la seguridad de la Fuente para experimentar la vida en los planos más densos del Universo. Han viajado a través de las galaxias en busca de planetas con formas de vida interesantes y desafiantes que serían buenos vehículos para la encarnación. Todavía están en el proceso de experimentar las cosas y aprender las lecciones que necesitan para su crecimiento, y continuarán encarnando hasta que se hayan 'graduado' de la vida en los planos más densos."

"Las almas no aprenden y evolucionan al mismo ritmo, y no hay plazos para completar sus viajes. Todas las almas pueden elegir su propio ritmo de crecimiento, y nunca hay celos o envidia cuando algunas almas evolucionan más rápido que otras."

"El siguiente nivel evolutivo consiste en almas que han encarnado en los planos más densos numerosas veces, ganando sabiduría de sus muchas vidas en planetas difíciles como la Tierra. Cuando están del lado del espíritu, a menudo actuarán como guías espirituales para otras almas, ya que sus propias experiencias en los planos más densos serán muy útiles cuando proporcionen orientación a las almas que están entrenando. A menudo se ofrecen como voluntarios para llenar desempeñar papeles en la Tierra que necesitan otras almas—incluso cuando no contribuirá mucho a su propia evolución."

"Luego están los Maestros—almas altamente evolucionadas que ya no necesitan encarnar en los planos más densos. Estas almas han encarnado en múltiples ocasiones en la Tierra para desempeñar papeles significativos en el desarrollo humano. Jesucristo, Buda, Mahoma y Moisés son ejemplos bien conocidos, mientras que muchos otros Maestros han vagado por la Tierra a lo largo de los siglos haciendo contribuciones significativas a la civilización humana. Hay muchos Maestros en la Tierra hoy ayudando a los humanos a expandir su conciencia. Los Maestros que permanecen en el lado del espíritu ayudan a otras almas a evolucionar compartiendo libremente su sabiduría en conferencias y seminarios."

"Los Sabios son también almas altamente evolucionadas que sirven en los diversos Concilios que supervisan las encarnaciones en los planos más densos. Ellos usan su sabiduría para ayudar a las almas a desarrollar planes de vida que son adecuados para lograr las experiencias de vida necesarias para su crecimiento, y ayudan a las almas que regresan a analizar y entender las vidas que acaban de terminar."

"En su propia categoría única están los ángeles. Estos espíritus especiales generalmente no encarnan en cuerpos físicos en la Tierra, ya que eran altamente evolucionados cuando salieron de la Fuente. Su trabajo de amor es ayudar a los humanos con sus luchas en la Tierra. Algunos de ellos funcionan como ángeles guardianes para asegurar que los humanos no mueran accidentalmente antes de que sus almas estén listas para salir de sus encarnaciones. A veces aparecerán en la Tierra como entidades físicas para proporcionar orientación, inspiración y esperanza cuando sea necesario. Cuando un alma se pierde temporalmente después de su muerte física, la conducirán de vuelta al lado del espíritu, donde podrá continuar su evolución."

"Lo más importante a recordar, sin embargo, es que todas las almas y espíritus son iguales en todo sentido, sin importar en qué categoría se encuentren, y todos están felices de contribuir a la evolución de todas las otras almas en cualquier forma que puedan."

A pesar de mi insistencia, Albert no reveló dónde estaba yo en la escalera evolutiva. Sentí que no era un Maestro, pero no sabía si era un recién llegado al plano de la Tierra o un alma vieja. Alberto dijo que esta información me distraería de los objetivos que necesitaba lograr, por lo que se negó a comentar, y su cara sin expresión no proporcionó ninguna pista.

Noté que su explicación acerca de las etapas de la evolución del alma no hacía ninguna referencia a la Fuente. Reflexioné sobre lo que Alberto me había dicho acerca de la Fuente en nuestras conversaciones anteriores mientras decidí insistirle a Alberto para obtener más información sobre el Creador.

Capítulo 17
La Fuente

Anteriormente, Alberto había revelado que la Fuente es el creador de todo en el Universo y que todas las cosas en el Universo—todas las galaxias, estrellas, planetas y formas de vida—están conectadas entre sí y con la Fuente, que es la suma total de todo lo que existe. Este concepto de Dios era muy diferente de la versión católica romana que me enseñaron cuando niño. La Iglesia católica creía que Dios era el Ser Supremo que manipulaba y controlaba todo en la Tierra. Según la Iglesia, Dios creó a todos los seres humanos y los envió a la Tierra para servir a Su propósito. Dios hizo reglas para que nosotros las siguiéramos (las cuales fueron reveladas a nosotros por la Iglesia), y exigió adoración respetuosa de todos. Después de morir, nos apareceríamos ante Dios para recibir su juicio. Si hubiéramos rendido homenaje a Él y hubiéramos seguido Sus reglas, se nos permitiría entrar al Cielo. Pero si hubiéramos roto sus reglas sin hacer enmiendas, seríamos castigados en el Infierno por la eternidad. Dios era como un rey sentado en un trono de oro que dispensaba recompensas o castigos a las almas que habían terminado sus vidas en la Tierra. A los ojos de la Iglesia, sería una ultrajante blasfemia que los humanos se consideraran parte de Dios.

La versión de Dios de la Iglesia le otorgó varios atributos negativos humanos. Fue vano porque exigió ser adorado por los humanos de maneras especiales y vengativas si no seguimos sus reglas. Él dio a los humanos libre albedrío para actuar en la Tierra, aunque eso significaba que muchas de sus reglas serían quebrantadas. Dios sería una deidad amorosa e indulgente para aquellas personas que permanecieron en el camino recto y angosto, pero indiferente y sin sentimiento para todos los demás. En el punto de vista de la Iglesia, Dios manipuló todos los eventos en tu vida y orquestó todas las cosas buenas y malas que te sucedieron a ti y a sus seres queridos. Si disfrutabas de buena fortuna, se suponía que debías agradecer a Dios por Su generosidad, y si experimentabas adversidad era porque Dios había decidido hacerte sufrir. Se suponía que no sabías las razones de la buena fortuna o de la mala suerte; se esperaba que aceptaras lo que Dios te diera sin duda, ya que, según la Iglesia, "Dios obra de manera misteriosa."

El Dios cristiano era un ser divino que esperaba ser temido por los humanos. Se consideraba un cumplido, una indicación de que eras un buen cristiano, si eras etiquetado como una persona "temerosa de Dios". Se suponía que debías temer a Dios porque Él tenía el poder de castigarte por tus fechorías, y deberías tener miedo de ofenderlo de cualquier manera.

Me di cuenta más tarde en mi vida que el Dios cristiano era realmente una deidad antropomórfica creada por los hombres religiosos de la Iglesia para ayudarles a controlar a las masas a través de la culpa y el miedo. Ellos le dieron a su Dios los atributos de un déspota en la Tierra, ya que eso era algo que podían vender fácilmente a sus seguidores. Así, como un rey o una reina en la Tierra, el Dios cristiano esperaba que sus seguidores le rindieran homenaje y obedecieran sus mandamientos, de lo contrario se enojaría y se vengaría. Los primeros líderes de la Iglesia sabían que un Dios con estas características les serviría bien en su búsqueda de controlar a sus seguidores.

Como revelé en *Danzando en una estampilla*, Alberto rechazó la versión cristiana de Dios como la ficción creativa de unos pocos hombres religiosos equivocados. Alberto disipó inequívocamente la noción de que la Fuente es una deidad vana y vengativa que hace reglas y reparte castigos a los malhechores en la Tierra. La Fuente no es un ser divino separado que sea distante y superior a todos los demás seres. En cambio, todos y todo son parte de la Fuente, que es la totalidad de todo en el Universo. La Fuente es el génesis y encarnación de todo el amor en el Universo.

Aunque entendí la descripción de Alberto de la Fuente, fue difícil para mí comprender realmente la idea de que todos somos parte de la Fuente. Era un concepto radical cuando se comparaba con la versión cristiana de Dios.

Así que le pregunté a Alberto si podía llevarme a la Fuente. Alberto asintió con la cabeza, y volamos hacia el este sobre el continente norteamericano y atreves el Océano Atlántico, aterrizando en Hyde Park, Londres, donde el sol de la mañana brillaba intensamente.

Alberto señaló un alto y majestuoso roble y comenzó: "Ese hermoso árbol de allí es un aspecto de la Fuente. La ardilla sentada en una de sus ramas es también un aspecto de la Fuente. La fuente de agua al lado del árbol es otra faceta de la Fuente, al igual que el sol, las nubes y las aves que vuelan por encima. La cara sonriente de la niña que alimenta a las palomas es un aspecto de la Fuente. La Fuente tiene muchas caras, y siempre estarás rodeado por la Fuente dondequiera que estés, porque todo en tu mundo—todas las personas, criaturas y plantas, así como las montañas, océanos y glaciares, son todos aspectos individuales de la Fuente. Cada vez que abras tus ojos verás la Fuente."

"¿Tiene la Fuente un punto focal central, un lugar donde se originaron todos sus aspectos?", respondí.

"Puedo llevarte al centro de la Fuente, el punto de partida para todo lo creado por la Fuente, que a veces se conoce como el Sol Central. Aquí es donde empezaste tu viaje de exploración hace mucho tiempo como una chispa de energía. Podemos quedarnos solo por un poco de tiempo porque todavía tienes mucho que hacer en la Tierra."

Alberto me llevó hasta nuestro punto de reunión muy por encima de la Tierra y señaló hacia las estrellas. Las estrellas desaparecieron durante unos segundos hasta que salimos de la oscuridad, flotando sobre una brillante esfera suspendida en el espacio. Parecía nuestro sol, solo que mucho más brillante. A medida que nos acercábamos, esta centelleante esfera de luz se acercaba cada vez más grande hasta que llenó por completo mi campo de visión. Aunque la luz de esta esfera era extremadamente brillante, no me lastimó los ojos, y no sentí ningún exceso de calor—solo una calidez agradable.

Después de entrar en esta magnífica esfera, estábamos totalmente rodeados de luz suave y sumergidos en una maravillosa sensación de amor, paz y seguridad. Era similar a la sensación que tuve cuando encontré a Alberto como el hombre sin hogar, excepto que este sentimiento era mil veces más intenso. Sentí que me había fusionado con el centro de todo amor en el Universo, la raíz de toda felicidad y alegría en nuestro cosmos. Pero aun así conservé mi individualidad—mis recuerdos y mi personalidad—a pesar de que estaba inmerso en este macrocosmos de éxtasis. Sentí que aquí era donde había sido engendrado hace mucho tiempo como un ser de energía. Me sentí totalmente uno con la Fuente y todo lo demás que existía. Era el último sentido de unidad.

Podría haberme quedado allí para siempre, excepto que sabía que mi viaje del alma debía continuar. Así que seguí a regañadientes a Alberto mientras me llevaba lejos del Sol Central y de regreso a la Tierra. Comprendí entonces que las palabras humanas no podían describir la Fuente de ninguna manera significativa.

Capítulo 18
Sigue danzando

Era otro domingo por la noche, mientras estaba acostado en la cama mirando al techo. Mañana traería otro lunes por la mañana, seguido por todos los otros días de la semana hasta que una vez más estaría mirando mi techo un domingo por la noche. A veces el ciclo de la semana parecía interminable y nunca cambiante, aunque entendí que era una ilusión amplificada por mi enfoque distorsionado en el paso del tiempo. De hecho, todo en el Universo está en un estado constante de cambio, incluso si muchos de los cambios son imperceptibles para los humanos en este planeta.

Sonreí con satisfacción mientras reflexionaba sobre mis recientes aventuras con Alberto. Él había sido un buen guía turístico—mostrándome muchas vistas impresionantes y formas de vida extraordinarias. En cada viaje había compartido su sabiduría con revelaciones perspicaces, mientras demostraba la magia del amor y la compasión.

Después de mis visitas al lado del espíritu, la vida en la Tierra parecía bastante tediosa y sin incidentes. Pero entendí que la vida en este planeta no tenía la intención de ser una aventura feliz libre de adversidades. Había planificado cuidadosamente mi vida para experimentar las cosas, tanto buenas como malas, que necesitaba para mi evolución, aunque las razones no eran evidentes para mí ahora. Tuve que asumir, parafraseando a Shakespeare, que había una razón para mi locura.

Yo no sabía cuán cerca había sido capaz de seguir mi plan de vida hasta este punto; sin embargo, sabía que lo que hice en el pasado no debía dictar mi camino para el futuro. Cada mañana era el comienzo del resto de mi vida, y mi reto era elegir la mejor ruta desde este punto en adelante. Alberto me había proporcionado una sabia guía desde el reino espiritual durante nuestro tiempo juntos, y ahora dependía de mí poner el plan en acción.

147

La última vez que vi a Alberto, había insinuado que sus visitas nocturnas pronto se suspenderían para que pudiera centrarme en escribir mi libro, y quería absorber de él más de su sabiduría antes de que desapareciera.

Cuando Alberto reapareció más tarde esa noche, confirmó que nuestras aventuras habían llegado a su fin por el momento para que pudiera terminar mi manuscrito. Fruncí el ceño y me encogí de hombros en resignación a pesar de que su anuncio no fue ninguna sorpresa.

"Antes de que te vayas, Alberto, ¿tienes algunas palabras de despedida para mí?"

Alberto había estado esperando esto, así que estaba listo con su respuesta. "Debes recordarte a ti mismo todos los días sobre la naturaleza de tu viaje y quién eres realmente. Ves la vida demasiado en serio y necesitas aligerarte y disfrutar de tu visita en la Tierra. Trata de ver el humor en el mundo que te rodea y ríete de tus debilidades y las travesuras de tus compañeros humanos, así como lo hacemos en el reino espiritual. Nada de lo que sucede en la Tierra continúa después de la muerte, y las únicas cosas que te llevarás contigo son los recuerdos de tu vida y la sabiduría que recogiste de tus experiencias."

"Recuerda estrechar a tocar la Fuente todos los días. Haz una pausa a menudo para abrazar a tu esposa e hijos, acunar a tu nieta en tus brazos y darle a tu perrita unas palmaditas. Sonríe a los extraños que pasan por la calle, y sé generoso con las personas sin hogar pidiendo limosnas, porque todas son almas que están conectadas contigo y entre sí como aspectos individuales de la Fuente. Deja que tus acciones muestren la compasión que todos los humanos deben sentir el uno por el otro y por las otras criaturas en tu planeta."

"Perdona a aquellos que te pisotean porque, como tú, todavía están aprendiendo sobre la danza de la vida en la Tierra. No desperdicies tu energía comparándote con otras personas porque todos son distintos aspectos de la Fuente experimentando un viaje humano diseñado para cumplir con tus requisitos de sabiduría y crecimiento. Dado que cada alma ha trazado su propio camino único para la evolución, debes respetar las elecciones de vida hechas por otros con comprensión y compasión. Nunca pases juicio sobre otras personas porque no sabes dónde han estado o a dónde van."

"Respeta a todas las otras criaturas que viven en la Tierra porque ellos también son aspectos individuales de la Fuente que encarnaron en tu planeta para experimentar lo que tiene para ofrecer. Trátalos con dignidad y amabilidad, y haz todo lo posible para detener el abuso sobre ellos por otros seres humanos. Enseña con el ejemplo cada vez que te encuentres con las criaturas que comparten tu planeta, y está dispuesto a tomar el puesto que sea necesario para detener su sufrimiento."

"Honra a la Madre Tierra por todos los regalos que te brinda cada día. Asegúrate de no contribuir a la contaminación de tu hermoso planeta, y habla con fuerza siempre que sea posible para implorar a tus semejantes humanos que dejen de abusar de su entorno."

"Recuerda abrazar a todos los demás humanos con amor y compasión, y tratar a todos de la manera que te gustaría que te trataran a ti mismo. Desecha tus ilusiones de separación y reconoce cada día que están todos conectados entre sí y con la Fuente. Se parte de la cruzada para distribuir la riqueza que cosechamos de la Madre Tierra a todas las personas en el planeta, sin importar dónde vivan, el color de su piel, o el dios al que adoran."

"Eres un espíritu eterno que tiene un viaje humano en una vida que elegiste para ti mismo, y eres el creador de tu propia realidad. Elige la esperanza en lugar del miedo, el amor y no el odio, y la felicidad sobre la desesperación, y tu tiempo en la Tierra será mucho más gratificante. La muerte no debe ser temida porque es meramente una puerta que los lleva de regreso al hogar, al cálido abrazo de sus seres queridos. Así que relájate, disfruta de tu aventura y disfruta de todas tus experiencias de vida, porque no puedes perderte sin importar el camino que escojas."

"Deja de apresurarte por la vida como si estuvieras corriendo un maratón. Estás en un viaje que no tiene agenda ni meta final, así que tómalo suave y experimenta la vida al máximo. No tengas miedo de salir de tu zona de comodidad y probar cosas diferentes porque el fracaso no es una opción, y crecerás y evolucionarás a partir de cada nueva experiencia. No te preocupes por lo que otras personas piensan de ti porque es tu viaje para disfrutar, no el de ellos."

"Piensa en el salón de baile que te describí cuando estabas escribiendo tu primer libro. Recuerda el elegante salón de baile con vitrales de colores y relucientes pisos de madera, con la banda tocando un suave vals que tenía a todos girando alrededor del salón en un baile de alegría. Pero estabas atascado en el mismo lugar como si estuvieras danzando en una estampilla."

"Después que te di unos cuantos empujones, finalmente te liberaste de tus grilletes para unirte a la diversión. Ahora quiero que des el siguiente paso."

"Sal del salón de baile y párate en la orilla del apacible lago frente al salón de fiestas. Mira la luna llena flotando sobre el horizonte, y sigue el rayo de luna a través del agua hasta el borde de la orilla. Ahora quítate los zapatos y entra en este camino de luz que brilla en el lago. Toma algunos pasos más y siente los fotones hormigueantes del haz de luz en tus pies. Sigue caminando por cien pasos, luego da la vuelta y mira hacia atrás. Puedes ver las luces de la sala de baile brillando a través de los vitrales y escuchar la música llevada por el aire en el cielo nocturno."

"Pero la música ha cambiado—ahora es una animada melodía celta interpretada por una alegre banda de violinistas. Ahora regresa tu mente a tu infancia cuando tenías cinco años. Recuerda ese domingo por la noche cuando te movías alegremente en tu silla al sonido del zapateo irlandés interpretado por el tío Jim y su violín, con el tío Joe en el piano. Luego saltaste y bailaste con la exuberancia despreocupada de la juventud. No sabías bailar—inventaste pasos a medida que bailabas—pero no te importó mientras pudieras mover tus brazos y piernas en un rapto rítmico de alegría.

"Ahora escucha la música que se transmite desde el salón de baile y siente como resuena a través de tu cuerpo. Mueve tus brazos y piernas en sincronía con el animado tempo de la banda, y baila como lo hacías cuando tenías cinco años. Cuando tu baile en la Tierra haya terminado, seguirás el rayo la luna hasta el Hogar para unirte a las otras almas alegres que están danzando por siempre con el espíritu."

Los ojos de Alberto brillaban como nunca antes, y su contagiosa sonrisa brillaba intensamente mientras envolvía sus brazos alrededor de mí en un cálido abrazo. Luego, con un guiño y un adiós, desapareció en el cielo nocturno.

Sobre el autor

Garnet Schulhauser es un abogado jubilado que vive cerca de Victoria, en la isla de Vancouver, con su esposa, Cathy, y su perrita, Abby. Creció en una pequeña granja en Saskatchewan y se mudó a Calgary, Canadá, después de la escuela de derecho, donde practicó derecho corporativo durante más de treinta años con dos bufetes de abogados de primera línea. Después de retirarse de su bufete de abogados en el 2008, comenzó su nueva carrera como autor y su primer libro, *Danzando en una estampilla*, fue publicado en el 2012. Desde el lanzamiento de su primer libro, Garnet ha estado activo con giras de firma de libros y compromisos de charlas y ha sido un invitado frecuente en programas de radio. Cuando no está escribiendo o conectándose con sus seguidores, Garnet disfruta del golf, paseos por la naturaleza en el bosque con Abby, y reuniones familiares con sus hijos, Blake y Colin, y sus parejas, Lauren y Bergis, y su nieta Kymera.

En *Danzando en una estampilla*, Garnet relata cómo su vida cambió dramáticamente un día en el 2007 (mientras seguía practicando la ley) cuando fue confrontado en la calle por un hombre sin hogar llamado Alberto (que en realidad era un espíritu sabio disfrazado—un emisario del mundo espiritual). Este encuentro aparentemente casual lanzó un diálogo provocativo con Alberto quien reveló nuevas verdades sorprendentes sobre todas las grandes preguntas de la vida, incluyendo nuestra verdadera naturaleza como almas eternas, el ciclo de reencarnación en la Tierra, y cómo creamos nuestra propia realidad a través de elecciones de libre albedrío. Escribió *Danzando en una estampilla* a petición de Alberto para que estas revelaciones estuvieran disponibles para todos.

El segundo libro de Garnet, *Danzando por siempre con el espíritu*, describe sus aventuras más recientes con Alberto, quien apareció en su habitación una noche para guiarlo en una serie de aventuras fuera del cuerpo para explorar las maravillas del Universo, incluyendo los Registros Akáshicos, planetas distantes con formas de vida fascinantes, y una civilización humana que hizo el cambio a la Nueva Tierra. El objetivo de Alberto era animar a los seres humanos a dejar de abusar de la Madre Tierra y de todos sus habitantes, dejando a un lado sus emociones negativas y favoreciendo el amor y la compasión.